悪魔のジョン・レノン

ジョン・レノンのリビドーは
イエス・キリストへの嫉妬心だった。
ジェラスガイ!

岡田ナルフミ

たま出版

はじめに

本書は、ジョン・レノンが悪魔的な存在であることを立証するものである。

日本人を世代別に区切ると、40歳以上は「新人類」「瑠璃色ザゼネレーション」「団塊の世代」そして「マッカーサー・チルドレン」となるが、それらの世代の人々にとって最大のカリスマは、なんといってもジョン・レノンであろう。

そんなカリスマでありオピニオン・リーダーでもあるジョンが、サタン的なるものに導かれた人生を送っていたなどという説を読者の方々は信じることができるだろうか。


本書を若い人にもぜひ読んでもらいたいと願っている。「イチゴ族」「ゆとり世代」「悟り世代」「ミレニアム世代」と呼ばれる人たちにも、ぜひこの真実を知ってもらいたい。

というのも、若い人たちは、ジョン・レノンに影響を受けた親たちの価値観によって育てられ、その結果、間接的にジョンの影響を受けているはずだからだ。

だが、そうした若い人たちの父母の世代がサタン的な人物の影響を受けていたとしたらどうだろう。しかも、ジョンのサタン的なるものは、最終ターゲットを日本国と日本民族にしていると考えられるのだ。本書では、その根拠を述べてある。

『ご覧あれ！』

目次

第三章　ジョンの詞の中にあるサタニズム

第五章　ジョン・レノンへのプレリュード

第一章　イエス・キリストとジョン・レノン

1．不思議な絵

イ、彼は幼少期にイエス・キリストの絵を描いた！

彼は幼少期に一つの絵を描いた。その絵は小学校の廊下の展示会で掲示された。一生をかけて多くのイラストを描いた彼であるが、この絵が最初の話題として残っている絵ではないだろうか。ただ、画才のある彼の絵でも、テクニックとしては大したものではなかったであろう。

彼が描いた対象は何だったのか？　その絵は人物画であった。誰を描いたのだろうか？それはイエス・キリストの人物画である！

そして、そのイエスの人物画を描いたのは誰なのか？　彼とはジョン・レノンのことである。

このことはジョンと幼少期に一緒に過ごしたことのある男性の回想録に記されていたジョン・レノンの逸話である。その男性は驚きと喜びを表して「本当に不思議でした。あの絵が後年に僕たちが目にした長髪のジョンにそっくりなのは不思議としか言いようがありません」と話しているのである。

「ジョン・レノンが幼少期に描いたイエスの人物画が、ビートルズ後期のジョンの姿と瓜《うり》二つであった」

ただ、あの丸眼鏡をかけているかいないかの違いだけであったのだ！

この幼少期の絵を見て不思議に思い驚き、ジョンを賛美するのは簡単であるが、じっくりと裏読みをすることも大切だ。私が考えるに、ジョンは幼少期からイエス・キリストが好きだった。もしくは憧れていたのではないのか（育ての親であるミミ伯母さんが言うには、幼少期に自分から堅信式を受けたいと言っている）。まずハッキリとしていることは、ジョンにとってイエスは興味の対象であり、イエスを意識していたということだ。これだけは断言できる。彼がイエスのことが好きか嫌いかどうかを、ここで決めつけることはできないが、心理面にて意識をしていたとは言い切ることはできる。

ビートルズの金字塔的アルバム『アビイ・ロード』のジャケットでは、ジョンは上下白色のタキシードに白色の靴、背筋を凛《りん》とのばし、前を向き長髪をたなびかせて歩いている。その姿は長身の彼をさらにスマートに見せ、どこか男らしさまで感じさせている。ビートルズ後期のジョンのこのいでたちは、彼が自らコーディネートをして、彼の自由意思で行ったことだ。後期のビートルズは衣服や髪形のすべてが本人の自由であったからだ。何の制約もビートルズのメンバーにはなかったので、ジョンのこの姿は、髪形からファッションのすべてを自分のやりたいことでチョイスされたものと思われる。

さて、そのイエスの姿を描いたことを本人のジョンは覚えているだろうか？　ジョンの回想録では1度もこの絵の話題は出てこない。それを読んだことが1度もないので、わざと幼少期に描いたイエス像と『アビイ・ロード』のころのファッション等々をまねたとは考えづらい。そもそもその絵が残っている可能性はゼロに近いのだ。

ロ、潜在意識がなせる業（ワザ）？

私が考察するに、ジョンが描いたイエス像は、彼が思っているイエスの姿そのもののはずなので、潜在意識から素直にイメージが出てきて自由意思にて絵画として表出されたものなのであろう。それが、すでに当時の若者（主に団塊の世代）からカリスマ的存在に成り上がっていた彼の髪形や服装などのファッションと一致していたということは、彼の心理面に何らかの力が働いたのだろうか？

普通に考えれば、いわゆる自己実現ということだろうか。自分の意識の中に潜在的にあるイエスの格好をしたということは、自己実現なのである。心の潜在意識下の中に隠れていた、やってみたかったことが、大人になって自由に表出したのではないだろうか。ジョンは自ら抱いているイエス・キリストの姿を知ってか知らずか、好んで選び、その姿で多くの人々の目に映るようにしていたのだ。彼にとってのイエスのイメージの姿で、人前に出て写真を撮ってもらったり活動をしたりすることは、潜在意識にあった夢の一部の実現である。まさしく彼はその最中であったのだ。

　彼が幼少期にて自由に描いたイエス像は不思議な絵と言われた。それは『アビイ・ロード』のころのジョンの姿通りであったからだ。それを心理的にとらえたならば、彼はイエス・キリストを演じたかったのかもしれないという仮説を出すことができる。

　読者の方々の中にはジョン・レノンがこのような絵を、本当に描いていたのか疑っている人がいるかもしれない。そこで、証拠として大作である、レイ・コールマンによるジョンの伝記「ジョン・レノン㊤」から一部紹介する。

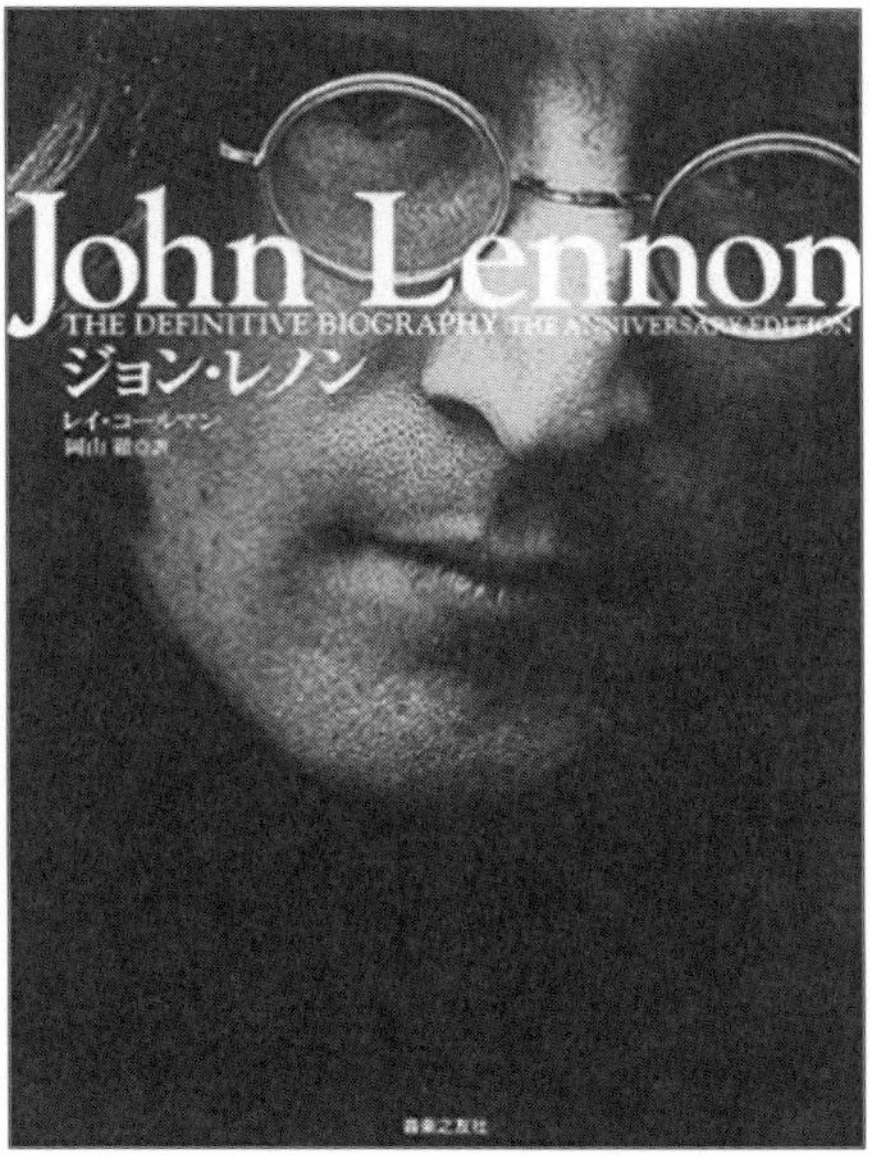

「ジョン・レノン㊤㊦」（レイ・コールマン著・岡山徹訳・音楽之友社）

「ダブデイルで、美術はすぐにジョンの得意科目になった。彼は全科目の成績がよく、もっとも算数はひどく弱かったが、美術はとび抜けていた。十歳の時の学校の廊下の展示会で、ジョンの絵は何人かの生徒をぎょっとさせた。彼はイエス・キリストと分かる絵を描いたのだが、それ自体大冒険だった。

　二十年後のジョン・レノンの顎ひげをたくわえた顔

は、あの時期の彼のトレード・マークだった〝おばあちゃんの眼鏡〟をかけていない限りは、ダブデイル小学校で彼が描いたキリストの絵と瓜二つだったのである。『本当に不思議でした。あの絵と、後年僕たちが目にした長髪のジョンとがそっくりなのは、不思議としか言いようがありません』と、ダグ・フリーマンは言っている」

実際のところ、ジョンにとってのイエスの存在とはどのようなものであったのか？　それを調べる具体的資料は、彼の伝記や彼のインタビュー、そして彼が残した詞の内容である。私はこれからジョンとイエスの関係を推測し、日本と世界の平和のためにジョンをどのように扱っていくべきかを提案していく。彼のことを調べれば調べるほどイエスやキリスト教への攻撃心というものが浮かび上がってくる。そしてその半面、イエスに憧れているという逸話もいくつか存在するのだ。

ハ、「ストロベリー・フィールズ・フォーエバー」

その逸話は、ジョンの小学校への通学路にあった救世軍の孤児院ストロベリー・フィールドから始まる。名曲「ストロベリー・フィールズ・フォーエバー」のストロベリー・フィールドとは実在の場所で、実質上の育ての親であるミミ伯母さんの家からすぐの救世軍の施設のことだ。そこで行われた園遊会に、ミミ伯母さんがジョンを連れていき、アイスクリームを食べたりして楽しんだ場所なのだ。

なお救世軍とは、１８６５年にイギリス人牧師ウイリアム・ブースがその活動を始めたもので、人間の精神を改善することを目的とした軍隊的組織のもとに活動をしているキリスト教系の福祉団体である。

ジョンは、子どもの頃にストロベリー・フィールドで遊んだことは楽しかったと回想しており、そのような背景もあって、今となっては不思議ともいうべき絵を描いたのかもしれない。

2. 学生時代、無名時代の彼の逸話

イ、三つ子の魂百まで

しかし、ジョン・レノンのことを6歳から知っているロッド・デイヴィスは「彼は日曜学校の間中、ガムを噛《か》んでいました。日曜学校でガムを噛むなんてのは、もっての外でした」と語っている。しかも堅信式を受けた聖ペテロ教会の日曜学校でガムを噛み続けていたのだ。

そして、16歳になってロックに夢中になり出すと、ジョンはイエスや教会への攻撃を対象から外さなくなっていく。同じく聖ペテロ教会の園遊会にて、ロックバンド「ザ・クオ

リーメン」のボーカルで出演をした。教区のモーリス・プライス牧師が教会での催し物として、このバンドを歓迎してくれたのにもかかわらず、最後に歌った曲では歌詞を変えて教会に対して不遜なことを、きわどく歌ったのである。

このようなやり方は、彼が後々にライターとして、かなり辛辣《しんらつ》な効果を狙って歌詞を制作していた戦術と同じである。

そして、この1年後には次のようなことをしでかしている（「ジョン・レノン㊤（レイ・コールマン著）より）。

※

大学時代の彼の異常な行動を伝える話は数多くある。チャリティのために学生が扮装して募金箱を鳴らし町中をねり歩く年中行事であるパントマイムデイに、彼はポール・マッカートニーとジョージ・ハリスンを仲間に引きいれた。ジョンの差し金で、彼とポールとジョージの三人は牧師の格好をすることになった。彼らは黄色のトレーナーと聖職用のカラーの付いた黒い燕尾服を見つけ、黄色のトレーナーの袖を足に通して逆様に着たのである。

レノンのプランは、リヴァプール中のデパートにあるレストランを全部襲うことだった。ジョンはテーブルの上に立ち上がり、こう叫んだ。

「お立ち合いの皆様、わたくしの右手をご覧下さい。赤コーナー……」

と、ポールが跳び上がる。

「そして、左手をご覧下さい。青コーナー……」

と、ジョージが出てくる。

二人はレストランのテーブルの上で拳闘を始め、どのチェーンストアでも注目を浴びた。そして彼らは行く先々の店で丁重に放り出されたが、そのスタントの騒々しさと大胆さのおかげで何ポンドかをしっかり徴集することができた。

ジョンは彼らにバケツとモップを借りてくるように言った。ホテルの外には何百人という人垣ができて、まだ牧師の格好をしたレノンが大声で歌いながら横断歩道にモップをかけているのを見物していた。他の連中は大声でうまいこと応援をし、缶からを鳴らしていた。

※

このようなことを仲間と企てて行動していた。私はジョンが学生時代にこのようなことを行っていたことを知ったときは面白いと思った。ジョンのエスプリの効いたユニークな小演劇に思えたからだ。

しかしこれが、「三つ子の魂百まで」的になってしまい、ビートルズの大成功の後にあまりにも醜いルシファー的な偽善者になっていくのであった。人間は、大成功した有頂天の中心にいるときと、大失敗の失意のどん底にいた瞬間に、自己の性質の中にある本性が表出してしまいがちなのだ。

ロ、飛び出せ青春！

ジョン・レノンは19歳と10カ月の頃に、ドイツのハンブルクにて本格的なライブバンドとして活躍し出している。その頃から「ラヴ・ミー・ドゥ」でレコードデビューするまでがビートルズのハンブルク時代と呼ばれている。そのハンブルク時代のビートルズのドラマーだったピート・ベストは、自伝「もう一人のビートルズ　ピート・ベスト・ストーリー」にて次のようなことを公表している。

※

「もう一人のビートルズ　ピート・ベスト・ストーリー」（ピート・ベスト、パトリック・ドンカスター著・中江昌彦訳・CBS・ソニー出版）

スター・クラブの並び、ネオンとセックスの真っただ中に、どういうわけか建っているカトリックの教会に向かって、のんびりと動いていく人波が見える。

窓から下を見ていたジョンは、その中に四人の尼さんを発見した。「ちょっと小便」いうなりジョンは、ぱっとバルコニーに飛び出していった。

レノンはチャックを下ろすと、四人のシスターめがけて、青空から思いもよらぬ恵みの雨を降らせた。「天国から虹の贈り物！」ジョンは仰天している尼さんたちを見下ろして、愛嬌を降りまいた。しばらく立ち止まっていた尼さんたちも、奇跡だと思ったわけもなく、また何事もなかったかのように平然と歩きだした。

ジョンを一番こっぴどく叱りつけたのは、クラブのオーナーのマンフレッド・ヴァイスリーダー、それにホルスト・ファッシャーの二人だった。

いくら叱りつけてもジョンは二、三分もすればけろりとしている。マイペースで自分の思いどおりのことをやるのが、ジョンの生き方だ。一つの抗議手段として、突飛な行動に出ることを楽しんでいるだけだ。尼さんは教会を象徴している。教会は権威と体制を象徴する。すぐにそう結びつけて考えずにはいられない性格らしい。

※

ポール・マッカートニーは、この出来事があったことを否定しているが、ピート・ベストの自伝にはその時の背景まで付け足されている。

「このレノンの聖職者に対する公然たる侮辱行為には、目撃者が何人かいた。その中に警官も二人いたのだが、連中は顔をくしゃくしゃにして大笑いしていた。下の通りに出ていった俺たちには、二人からほんのちょっぴりお目玉を食らった。『今度やったらイギリスに送り返しちまうぞ』口ではそういっても、今にも吹き出しそうな苦しい表情をしている」

ポールはビートルズのイメージを守るために嘘をついていると思われる。

私が思うに1回だけの間違いではなく、他のジョン・レノン伝を参考にしたうえで、彼

「ビートルズ派手にやれ！　無名時代」（アラン・ウィリアムズ、ウィリアム・マーシャル著・池央耿訳・草思社）

は数回にわたって行っていると推測をしている。彼ならば反省をせず、楽しんで芸術的自己表現としてアーティスティックに行うことができるだろう。

オノ・ヨーコの芸術的な感覚でアトラクションを行って人々にコンセプトを感じさせられるようなやり方を、彼も先天的に持っていたのは明らかであろう。世界の人気者ジョン・レノンは罪のない尼さんに小便をぶっかけると心から楽しくなるという精神の性質があるということを私たちは認知すべきなのだ。

ビートルズのマネージャーはブライアン・エプスタインが最初ではない。アラン・ウィリアムズが初代のマネージャーである。このアラン・ウィリアムズは損得なしでハンブルク時代のビートルズのことを書いて1976年に出版している（ウィリアム・マーシャル共著）。すでにビートルズとは縁が切れていてしがらみがなかったので、第一級の資料という内容になっている。そのアランの本「ビートルズ派手にやれ！　無名時代」（現在は「ビートルズはこうして誕生した」に改題）には、以下のように記されている。

※

ビートルズのユーモアのセンスには一種悪魔的なところがあった。彼らは考え方の基本において偶像破壊者だったけれども、その反面、どこにでもいるごく当たり前の若者の雰囲気も持っていた。

ビートルズが、もう一人のスーパースター、イエス・キリストの像を作ったときには度肝を抜かれた。

ビートルズはスター・クラブの持主マンフレッド・ヴァイスリーダーのアパートで朝っぱらから飲んでいた。彼らは戯れに、町を挙げての日曜の朝の祈りに、彼らなりに参加することを思い立った。そこで彼らはボール紙や新聞紙の材料を集め、彼らの芸術的感覚と技巧を最大限にいかして、たちまちのうちに高さ八フィートの十字架上のキリスト像を作り上げたのである。彼らはそれを屋根の上に立てた。あちこちの教会の鐘の音が相和してまろやかな響きを生み、それが目覚めかけた街に拡がっていくさまを、そのキリスト像は屋上から睥睨《へいげい》していた。

間近く寄ってその像に目を凝らしたハンブルク市民たちは、キリストの再臨ではないことを知った。ビートルズの衝動的信仰心の発露と思われたものは、実はそうではないようだった。キリスト像の然るべき位置には、ビールを注ぎ込んだ大きなコンドームがぶら下がっていた。

罰当たりなことだった。宗教心があろうとなかろうと、これは少々悪趣味がすぎるというものだった。

※

このように、なぜか悪魔的なことをして楽しんでいた。当時のビートルズのリーダーは完全にジョン・レノンだ。この時代のジョンには拒否権のようなものがあった。ジョンが「いやだよ、何でそんなことやらなければいけないんだ」と言えば、それで事が済んでいた。ハンブルク時代のジョンの権力は大きかったのだ。つまり、ジョンが中心となってこの悪趣味の極致が行われたということだ。私はアラン・ウィリアムズに同感する。

　キリスト教徒でない人でも、ジョンの性質の奥にあるものには恐怖心さえ感じるであろう。さらに、ハンブルクで解放された若者ジョンは止まらない。マルコム・ドーニー著の「明日への転調　レノン＆マッカートニー」（パンプキン・エディタース編訳・シンコーミュージック）にも、以下のような記載がある。

「ハンブルクの夜は相変わらずの猥雑さだった。レノンの狂気はいよいよ膨れ上がり、ボール紙で作った聖職者用のカラーを首に巻き、ピーター・セラーズ（イギリスの喜劇俳優）がインド訛りでしゃべっているような妙なアクセントで、教会へ向かう人々をからかったりしていた」

　このようなことを同じように記載されているというのは、やはり彼が常習犯であったからだと思われる。しかし、なぜ彼はここまでもイエスとキリスト教を憎まなければならないのだろうか？　私には理解できない。だからこそ、事実の直視は大切なことである。

「ジョン・レノンはティーンエージの時からイエスとキリスト教への攻撃は行い続けており、それに対して罪の意識はなく、むしろ楽しんでいる」。

3．ビートルズ時代の彼のイエス

イ、大成功の暁に

ビートルズで大成功をして世界の人気者になって、あっという間に大金持ちになって一生遊んで生活できる資金を得た後に、ジョンは勇敢にもイエスとキリスト教をビートルズとロックで対比させて語るようになっていく。彼は知的な言語を使い回して雄弁に話すことができるのだ。

最初のアメリカ・ツアーでのインタビューで、ジョンは自慢げに「俺の言う意味が分かるかな。たぶん神について一生懸命だったころのほうが心配事は多かったと思うよ」と軽くジャブをかまして語っている。

では彼のアンチ・イエス的発言の中で一番有名な発言を紹介しよう。

「キリスト教なんて、そのうち消えてなくなっちまうだろうね。そのくらいは常識さ。絶対に俺の考えに間違いはないね。いまじゃ俺たちのほうが、キリストより有名じゃないのかな。ロックとキリスト教のどっちが先に滅びるか、それは俺にもわからない。キリスト本人は認めてるよ。でも弟子たちは、ぱっとしないね。キリスト教が嫌いになったのは、連中の責任さ」

これは世界的に有名な彼の発言である。多くの本でこの発言が取り扱われており、日本語訳もその解釈はいろいろあるようだ。例えばマイルズ編の「人間ジョン・レノン」（小林宏明訳・シンコーミュージック）では、「ビートルズはキリストよりも人気がある」と訳されているし、「ジョンとヨーコ ラスト・インタビュー」では「ビートルズはキリストよりも偉大だ」と訳されている。

「ジョンとヨーコ　ラスト・インタビュー」（デービッド・シェフ著・石田泰子訳・オノ・ヨーコ監修・集英社）

1966年3月4日のジョンによるこの発言は、特にアメリカで大問題になった。その時の彼の最初の反応は、「クソ食らえって言ってやんなよ。謝ることなんか何もないよ」であった。そしてブライアン・エプスタインにツアーをキャンセルするように言っている。「わざわざ行って嘘をつくよりも、そのほうがましだな。僕の言ったことは本当だもの」とかなり強気であったのだ。しかし、事態は悪化していく。

ビートルズが長期のコンサート・ツアーを行うことになっていた二週間前のアメリカの反応は、素早く、さんざんだった。ビートルズ、特にジョンはばち当たりだとして非難され、反ビートルズ運動の波がキリスト教の篤信地帯と言われるアメリカ南部の、いわゆる〝聖書のベルト地帯〟に広がった。ＫＫＫ《クー・クラックス・クラン》団が行進し、ビートルズのレコードが焼かれ、アメリカ全土三十五局にものぼるラジオ局がビートルズのレコードを放送禁止にした。ビートルズを六〇年代最大の社会現象とみなしていた国が彼らを拒絶し始めていた。愛情と憎しみという二つの裏腹な感情が鉢合わせになっていたのだ。

アメリカでビートルズのコンサートを企画していたプロモーターたちは、ステージに立った時のグループの安全が保証できるかどうかに頭を悩ませていた。バチカンは「いくらビート族の時代でも、神聖を汚してはいけないこともある」とコメントした。ある司祭などはビートルズのコンサートに参加した信徒は破門だと脅したほどだ。

アメリカからの警告の電話を受けて、ブライアン・エプスタインはすぐにニューヨークに飛んだ。直感的に彼は、ビートルズの安全を守るためにツアーをキャンセルしようと思っていた。しかし、もしジョンがアメリカで記者会見を行ない謝罪すれば、事態はおさまり、ツアーもできると判断していたのである。

エプスタインは決して謝らないというジョンの大原則に例外をもうけない限り、今度のツアーに関してばかりでなく、永遠にアメリカでのビートルズの将来の見通しは暗いと一歩も後に引かず、ジョンを丸めこみ、拝み倒した。ジョンはほとんど選択の余地がなかった。彼はエプスタインに電話し、三日後にシカゴでビートルズの記者会見を自分がとりしきると言ったのである。

ジョンが疲れ切った顔でシカゴに着いた時、ブライアンはジョンをホテルの一室へ連れていき、悪意に満ちたジャーナリストたちが言いそうなことを彼に説明した。トニー・バロウ（当時のビートルズ広報担当）はこう言っている。

「ジョンが何を言うべきか、我々はかなり真剣に討議しました。私の知る限りでは彼は生まれて初めて、そしてただ一度だけ、謝罪することに積極的で覚悟もできていたのです。それは珍しいことでした」

しかし、プレッシャーのおかげでジョンは神経が参り、涙を流した。エプスタインはビートルズのアメリカのツアーをキャンセルするにあたってどんなことが付随してくるかを説明し、バロウは人を困らせるジャーナリストがどんな質問の持っていき方をするかをジョンに言った。「私はジョンにわけを言った方がいいと言ったんです」ブライアンはツアーの間にビートルズが暗殺されるのを恐れていたのだ。

ジョンはすぐに他の三人の安全を心配した。彼は、両手で頭を抱えながら声を出してすすり泣いた。「何でもするよ」と彼は言った。「何でも。言わなきゃなんないことは何でも言うよ。このツアーが全部キャンセルになったら、他の三人に一体どんな顔をしたらいいんだい？　僕一人のために、ただ僕が口走ったことのために。そんなつもりじゃなかったんだ」

こうしてやっと彼の対応が弱気になり優しくなった。

ポール・マッカートニーも記者会見で話している。厳しく突っ込みを入れようと身構えているアメリカ人記者の前で「まあ、そんなにいきりたたないでください。今、アメリカとイギリスが戦争をしたらアメリカが勝つに決まっているのですから」とジョークを飛ばして記者を笑わせた。そして和ませてから、ジョンの発言に対して誤解を解くような説明をポールなりにしている。このようにエプスタインしかりポールしかりジョンの発言に対してのバックアップを多くの人がしていたのである。

一方、ジョンは記者会見において「もしも僕がテレビはキリストよりも人気があると言ったら、それで済んだはずだ」とか「イエスとか他の宗教よりも、僕たちは子どもたちには影響力があるってね。ただ事実を言っただけだよ。僕のほうが上だとか偉いとか言ったんじゃないし、ただ思ったことを言っただけで、それが間違いだったんだ。あるいは間違えてとらえられたんだ。つまり、そういうことだね」と訳の分からない言い回しで弁明をしている。そして、この謝罪会見の締めくくりには「謝ってみんなが喜ぶのならば謝るよ。いまだに自分が何をしたのかが分からないけどね。僕に謝ってほしいのなら、それでみんなが喜ぶのならいいよ。僕が悪かった」と語っている。

私は彼が反省をしているようには思えないが、それでも彼にとっては人生で唯一の公式での謝罪であったはずだ。しかし、その後もジョンは、インタビューでイエスやキリスト教に関する発言をし続けるのだ。それは勇敢に立ち向かっているようでもあり、上から目線で話していたりしている。どうもこの男はイエスについて何か話していないと気がすまないというか、ストレスをため込んでしまうのではないかと思わせるほどである。「盗《ぬす》っ人猛々《とたけだけ》しい」に当てはまる。驚いたことに、実はキリスト発言の弁明と同じ日のインタビューで次のようなことも述べているのだ。

「19歳の頃には、もう僕は宗教をバカにしていたし、キリスト教の信者になろうと思ったこともなかった」

宗教を選ぶのは自由ではあるが、何で19歳の〝クソガキ〟が「宗教なんかをバカにしている」と言って威張れるのだろうか。彼の気質がこれなのだ。すでにここまで読んでいただいただけで、ジョンがイエスをバカにして生きていく気概を持っていて、それを行動に移してきたと知っていただけたかと思う。

もちろん、人種差別のもとにダーウィニズムを正当化して、世界にキリスト教を広げるためにという詭弁をして、まずは牧師や神父をスパイのように送り、もともと先祖代々の土着的信仰のある人々に向かっていきなり改宗せよ！　と迫ってもうまくいくはずもない。ならばと次は神の軍隊ということでホロコーストを行い、そして無理やりに改宗をさせる。その間に徹底的に金銀財宝を奪う。このようなヨーロッパ人の大航海時代のようなことは許されないのだが……。

ロ、彼は「悪魔に魂を売ってきた」と発言をしている

多くのジョンの発言の中で、私が最も注目すべきこととしているものは次のものだ。ビートルズが大成功への道を歩き出した頃、イギリスのミュージシャンで、ジョンが敬愛をしていたトニー・シェリダンに、「僕は悪魔に魂を売ってきたよ」と言ったことだ。

私はこの彼の発言に大注目をしている。他の多くのジョンの研究者は、この発言に注目をしている人はいない。他の研究者（レイ・コールマン）は「つまり、こういう類の名声をジョンは全然予測していなかったから、自分は悪魔に魂を売ったとこぼしたのであろう」との解釈をしている。

しかし、それは独断と偏見である。素直にそのままの意味として彼の発言を聞き取るほうが正しい。素直に聞き取るべきなのだ。なぜならば、彼は良くも悪くも芸術家であり正直者だからだ。何しろジョンは「悪魔に魂を売った」と自白をしているのだ。そして、その後のあのアメリカでの大成功の狂喜乱舞だ。不可解なことではあるが、ジョンが実際に悪魔に魂を売ったせいかもしれない？

そうなのだ。彼はビートルズ大成功の道にて、不思議にもこう一言話している。

「僕は悪魔に魂を売ってきたよ」。

4. 似たもの夫婦の逆襲

イ、相棒がポール（ビートルズ）からヨーコへ移る

芸術活動のパートナーがポール（ビートルズ）からヨーコに変わると、なぜかイエスを語りたくて中傷したくてしょうがない彼の気質にブレーキが効かなくなってしまった。

ジョンとヨーコはまさしく似たもの夫婦である。ポールであれば個性がお互いに逆向きになる場合がある。ジョンも認めているようにポールには保守的な面がある。前衛芸術を好み、反社会的な発言を勇敢に行い女王陛下であっても侮辱してしまうジョンの精神は、ポールとでは価値観が違う。

それがバンドとしてうまく作用して共鳴すると、非常に魅力が出てくる。しかし個性が違う、ツートップ・バンドは長続きが難しい傾向があるようだ。化学変化のように思える色彩を放ちながら大輪の打ち上げ花火のように短くも派手なバンドになるパターンになりがちだ。キャロル（矢沢永吉とジョニー大倉）、ＢＯØＷＹ（氷室京介と布袋寅泰）などが当てはまる。

また、イーグルスやかぐや姫のように、メンバー全員が歌えて、メンバー全員が作詞作曲できる場合も解散が早くなるようだ。ジョージ・ハリスンが作曲の才能を伸ばし、リンゴ・スターも曲を作れるようになった段階でビートルズの解散は必然であったかもしれない。ちなみにローリング・ストーンズはコンサートやアルバム作りでの役割分担が固定化されていることと、ミック・ジャガーとキース・リチャーズの個性は化学反応が起こらず不確実な混合となるので、解散は必要なかった。もしもストーンズの解散があったとするならば、ブライアン・ジョーンズが存命で、楽器とアレンジの才能のみならず、作詞作曲の才能が開花したときであっただろう。

それはともかく、ジョンが言っているとおり、芸術のパートナーがポールからヨーコに変わった。彼はインタビューで次のように答えている。

「ポールは、この曲（「ヘイ・ジュード」）が僕の息子ジュリアンについての曲だと言っていた。

でも僕はいつもこれを僕に対する曲だと思ってた。考えてみれば……ヨーコがぴったり当てはまるんだ。ポールはこう言っている、『ヘイ、ジュード――ヘイ、ジョン』。まるで歌詞の深読みをするファンみたいだってことはわかってる。でも確かに、僕への歌にも聞こえるんだ。（略）

『行けよ、僕をおいて』ってね。彼の意識では、僕に行ってほしいとは思ってない。彼の中の天使の部分は、『おめでとう』と言ってる。でも彼の中の悪魔が反対のことを言ってるんだ。パートナーを失いたくないからだよ」

ジョンとヨーコは似たもの夫婦だけにお互いが褒め合い認め合うだけで、視野が狭くなり個性が先鋭化してしまう。反省することや第三者的な見方ができなくなる。活動が独り善がり（二人善がり？）的になるが、勢いだけはつく。

彼が持ち得ている危険な部分も十分に発揮されることとなる。保守的なことを劣っているとみなす不自由さが彼にはあるのだ。保守的なシンシアやポールが生活や仕事のパートナーであればジョンは注意もされるし、反対の意見も耳にすることもあろう。しかし彼はそれをウザイとか、理解してもらえないとか、束縛されたとか、正直な気持ちで活動をすることの邪魔をされたとかの程度の低い助言ととらえている、そして反発をする。

ロ、彼は言った「イエスみたいな人間になりたい」

ジョンは自らをコーディネートして、自らのプロデューサーとして芸術的方法によって大衆へ自己のイメージングを行うのが上手である。彼はビートルズ時代から広報として写真を活用するセンスがある。ジョンとヨーコを一つのパッケージにして、キャッチコピーは〝ラブ＆ピース〟。それを芸術家としてアピールできている。

彼は、１９７１年に「僕はキリストみたいな人間になりたいんだ」と言い出している。

この、「僕はキリストみたいな人間になりたいんだ」と言ってしまっていることに注目するべきだ。

キリストみたいとは、どういうことを言っているのだろうか。もしかしたらキリストのように何億人から信仰されたいという意味のことだろうか。それとも世界中に自分の銅像を建ててもらいたいのだろうか。

だいたい彼がキリストみたいな人間になれるのか。親友であり仕事の密なる相棒であるポールは、この発言を聞いてなんと言うだろうか。彼のすべてを知っているであろう前妻のシンシアは何と言うだろうか。

何を言うかの予想がつく女性が一人だけいる。オノ・ヨーコである。彼とヨーコの共同インタビューから、ヨーコの傾向性ならば「がんばれジョン」という感じだろう。ジョンがキリストみたいな人間になれば、ヨーコはマグダラのマリアだろうか。それとも聖母マリアにキャスティングされるのだろうか。それをイマジンしただけで…。

私はジョンのファンなので彼関係の本は読みまくっていたが、この「僕はキリストみたいな人間になりたいんだ」の発言を読んだ時に、彼はバカになったのかなと思ったのを覚えている。ジョンのキリストみたいということを精神的なことととらえても、彼はキリストとは全く逆の性格をしているからだ。

もしも三次元的なこの世の今の時代のキリストのことであれば、それはとんでもない野心を持ったことになる。欧米ではイエス・キリストのことをジーザス・クライスト・スーパースターとも呼ぶ。カリスマはこの世に二人必要ないということであれば、イエスがキリストだとすればジョンは永遠にキリストのような人間としては世界から扱ってもらえないと、彼が考えてしまうかもしれない？

私はジョンが幼児期に描いた「イエスの絵」と「ビートルズがスターになり出した頃の『俺は悪魔に魂を売った』と語った」ことと、ビートルズ後期の「ジョンのコーディネートがジョンのイメージしているイエスのスタイル」であろうことと、そしてビートルズの解散後、ヨーコと密着して歩み出してついに「キリストみたいな人間になりたい」と答えたことを、彼の潜在意識下の深層心理の底に流れる形態であると仮説を立てている。

彼がインタビュー等でいつも話に付け加える「適当に理屈を作って雄弁なる思い付きの言語により、意味はたいしてないのに意味深のようにとらえさせる偽善的な空虚な弁明」は軽く受け流してよい。

また、ジョン・レノンは立派な人を立派と褒めることができない人だ。マーチン・ルーサー・キング牧師やマハトマ・ガンジーをも褒めることができなかった。立派な人を褒めることができず、自分が悪いことをしても反省をせず謝罪しないのが彼の特徴だ。その自己中的なジェラシー感を、言葉巧みに表現することが得意なのである。

例えばジョンは、ガンジーとキング牧師は非暴力的な人間が暴力で死んだことが一番いい例だと指摘し、どうしても解せないと言っていた。彼が友人に語った言葉はこうだ。

「君がそれほど平和主義でも、人に撃たれたら意味がないんじゃないのか？」

彼の発言にコメントしてよろしいでしょうか。

「私は、キング牧師やガンジーのことを意味がないとは思わない。たとえ撃たれて死んだとしても、彼らの人生は立派なものだと言いたい」。

さらに書籍「回想するジョン・レノン　ジョン・レノンの告白」（ジョン・レノン、ヨーコ・オノ、ヤーン・ウェナー著・片岡義男訳・草思社）から彼の発言を紹介しよう。

「『マイ・スウィート・ロード』。ラジオをかけるたびに、『オー、我が主《ミロード》よ』なのです。この世にはやはり神が存在するのではないかと思えてきてしまうほどです。ハレ・クリシュナの人たちが、自分たちで作ったレコード『ハレ・クリシュナ』がヒットしなかったときには、この世には神はいないのだと私はわかったのです。あれ以来、神の存在というものに対しては、非常に疑問を抱いているのです。私たちは、ハレ・クリシュナの人たちによく言ったものです。『ナンバー・ワンのヒットになるかもしれませんよ』すると、クリシュナの人たちは、『ナンバー・ワンよりもさらに高く』と、こたえていました」

そのジョージ・ハリスンの「マイ・スウィート・ロード」は、唯神論のポップな賛美歌で、１９７０年に発表されたアルバム『オール・シングス・マスト・パス』の軸となる曲である。同アルバムは、アメリカでセールス・チャート最高位1位になっている。

ジョンは唯神論が嫌いなのだ。このような人がキリストみたいな人間になりたいと思うのは驚きだし、さらに「この世には神がいないと分かった」と断言をしているのも驚きだ。なぜ彼は、神はいないと分かったのだろうか。「ハレ・クリシュナ」がヒットしなかったことにより神はいないと分かったということなのだろうか。私には彼が言っていることが全く理解できない。ただ彼に「神はいない」ということを主張したい感情があることは分かるのだ。それでもキリストみたいな人間になりたいとはいかがなものだろうか。

ちなみに「クリシュナ」とはヒンズー教のカノンである「バガヴァッドギーター」に出てくる英雄的な神様のことです。

ハ、自分は天才なのか、狂人なのかで悩んでいた（笑）

ヨーコがパートナーになってからのジョンの発言には嘲笑的にもバカらしくも面白いものが多くある。その内の一つを以下に紹介する。（「回想するジョン・レノン　ジョン・レノンの告白」より）

※

私が一二歳のときでした。自分は天才にちがいない、といつも考えていたのですが、私が天才であることに誰も気がつかなかったのです。私は天才だろうか、狂人だろうか、と私はよく考えたものです。どちらでしょう。誰も私を精神病院に入れたりしないから、狂人ではないのだろう、したがって、私は天才なのだ、と考えていたのです。天才とは一種の狂気で、私たちはみなそうなのです。私は天才なのですよ。そして、もし天才というものが存在しないのなら、もうどうだってかまいません。子どものときに、よくそう思っていました。詩をつくったり、絵を描いたりしながら。ビートルズが成功したり、あるいは、私が有名になって、それで私がひとかどになったというのではなく、私はこれまでずっとこうだったのです。天才であることは苦痛です。ただ単に、苦痛です。

※

この彼の発言について私は次のようにコメントさせてください。

「ジョンはロック・ミュージシャンというか音楽家というか、もっと広く芸術家としての才能はすごくある。自称でも天才と言いたいのだろう。才能のある芸術家の中には、その半面、狂人に近い人がたまにいるのは珍しいことではない。ジョンもこの珍しくないパターンに当てはまる。本人は狂人ではないと主張しているが、どこから見ても彼は変わっている。自分は天才だとファンの人たちに伝えたいかもしれないが、1度だけ彼に伝えたい。芸術家の中の一部の人たちには、あなたのような人はたまに実在している。あまり自分を特別扱いしないほうが現実的見解かと思う。それから、才能があると苦痛というのは何だろうか？　宣伝だろうか？　直接要因とは思えない」。

ジョンは1969年には次のように話している。「善玉と悪玉と青鬼と、その他大勢がいる。僕はきっと勝つと思う。なぜならば僕はキリストの言った言葉を信じているからね」。こう話した次には「『グレープフルーツ・ブック』という本はバイブルに並ぶ」と言っている。

オノ・ヨーコ著「グレープフルーツ・ブック」(田川律訳・新書館)は、アングラの詩集のようで、大変に面白く独特な世界観を堪能させてくれる。「イマジン」と言って始まる多くの詩は、不思議ワールドを空想させてくれる。しかしこの本はバイブルとは全く違う種類のものであることは、誰が読んでも明らかなことだ。

それはともかく「グレープフルーツ」は悪くないアートだ。ただ残念なことに、最後のメッセージは大どんでん返しの破壊的終末論になっている（しかしジョンはそこも気に入っているようだが……）。私ならこうやって賛美をして、この本を終わらせるだろう。

「この本をすべて読んだら、本にパフュームを振りかけて（シャネルN。5以外で）奇麗に包んで戸棚に半分だけ隠すように飾って保管しなさい（いつか誰かが見つけられるように）」

しかし、ヨーコとジョンは似たもの夫婦なので、わざわざビートルズとイエスを比べて話をしている。インタビュアーはそちらの話題をしていないのに。

オノ・ヨーコ「ビートルズを再結成させてとか、もっとやれと言うのね。聖書のことを思い出してほしいわ。キリストは何年か活動し十字架にかかったけど、そのとき言った、『私は復活する』と。でもビートルズは10年もやったのよ。充分じゃないかしら」

コメントします。

「世界の人々からビートルズとキリストを同等に扱ってもらいたいのだろうが、その感覚が異常だ」

さらにヨーコさんは、次のように話をしている。

「私たちの中には暴力的な部分があるから、抑えているの。ガンジーが歩んだ道はガンジーの選んだ道であって、もしだれかがガンジーと同じことをしようとしても、うまくいかないかもしれないわ。キリストに関する西洋人の幻想もそうよ。もしキリストの足跡をたどろうとすれば、十字架を背負うということになる。十字架を背負っていない人は、観念的、象徴的な意味でだけど、十字架を背負っていないんだという負い目があるの。マゾヒズムはすべて十字架のイメージによってつくり出されているのよ」

この時のインタビューでは暴力性の話題だったのだが、いきなりイエス・キリストのことが話の中にポンと入ってくる。「キリストに関する西洋人の幻想」「マゾヒズムはすべて十字架のイメージで作られる」とのこと。やはりこの決めつけ感はジョンと似ている。もちろんインタビュー時に横に座っていたジョンは、ヨーコの発言を否定していない。

これではアンチ・キリストが出現させるための地ならしをしているようなものだ。アンチ・バプテスマ（反洗礼）のヨハネと同じように見えてくる。もしもサタン的な人が聞いたら「バンザーイ！」と叫びそうなことを、ヨーコは雄弁に知的に語っている。

ジョンは1980年初夏のインタビューでこう語っている。「ジョン・レノン　ラスト・インタビュー」（ジョン・レノン、オノ・ヨーコ、アンディー・ピーブルズ著・池澤夏樹訳・中央公論新社）から紹介していく。

※

僕はキリスト教徒として育てられたが、今になってやっと、キリストの話の中で彼が言ったことがいくらかわかるようになってきた。子どものころから聞かされてきたその解釈から離れてみてね。もっと深い意味があったんだ。でも正直に言って、ボビーくん（ボブ・

ディラン）がその道に歩んだのには驚いたよ。本当に驚いた。（略）とにかくディランと言えば「リーダーには従うな、パーキングメーターには気をつけろ」だった。同じひとりの人間でありながら、やはり同じじゃないんだ。僕は何かを追い求めたり、その何かを見つけたという人間のことをとやかく言うつもりはない。人が「この道しかない」なんていうのは残念だ。「答えはこれしかない」と人に言われることが唯一、僕が人に反発を覚えることなんだ。そんなものは聞く気もしない。何ごともたったひとつの答えなんてないんだ。

でも僕にはわかる。彼がなぜそうなったのか、よくわかるよ。僕だって何かにすがりつきたいほど怖いと思った時期があったからね。何かに属していたいという欲求だ。一方では、社会の外側にいて、社会のありのままの姿を見透かしたいと思う。芸術家や詩人にとっては社会から離れたところから社会を見ると、視界が明るくなるんだ。だが、それと同時にもう一方では、社会に受け入れられたいと心底、願う気持ちもある。

簡単に言おうと思えば、原因はディランがサラ（ボブ・ディランの最初の妻サラ・ラウンズ）と離婚したこととか、子どもたちと別れたことが大きな打撃になったと思う。はじめは週末をひとりで過ごす多くの亭主族のように気楽だった。「また自由になれたぞ。独身に戻った。父親だったときにできなかったいろいろなことができるんだ」。でも、そのうち自分の求めているものが、もうそこにはない、ということがわかってくる。そして家族のいないむなしさに気づく。バイクの事故でケガをするかわりに、彼が最初にやったことは、キリスト教にすがったというわけだ。今、彼に必要なのはバイクでケガをすることではなく、キリスト教から離れること、イエスの追従者《ついしょうしゃ》だろうがユダヤ人防衛連盟だろうが、とにかくそういう追従者から離れることだ。

※

確かにキリスト教も人が行うことなので完璧にはいかないだろうし、問題も多々あろう。特にカトリック法王庁の悪い噂は耳に入ってくる。それでもこれが彼の〝個人としてのラスト・インタビュー〟とは、ファンとしては悲しいだろう。あれだけの才能のある人の最後のインタビューとしては寂しい。ただし私たちは前に進むためにも事実を確認しなければならないのです。

二、悪魔（フロイト派のヤノフ博士）が来たりて、笛（プライマル・スクリーム療法）を吹く

そしてジョンの精神を論じるにあたって、どうしても避けて通れないのが、プライマル・スクリーム療法である。ファンの中では有名な「アーサー・ヤノフ博士」の「プライマル・スクリーム療法」のことだ。

ジョンは１９７０年４月10日のポール・マッカートニーのビートルズ脱退表明、その月と同じ末日からロサンゼルスへ行って、４カ月にわたりプライマル・スクリーム療法を受けている（４月～５月の１カ月という説もある）。

そしてその心理セラピーの結果として出来たアルバムが、１９７０年12月11日に発表された『ジョンの魂』であり、その次のアルバム『イマジン』である。

『ジョンの魂』と『イマジン』はプライマル・スクリーム療法の効果があって出来たアルバムである。このことはハッキリとしているのだ。このことをまず認識してもらいたい。ではそのプライマル・スクリーム療法について簡単に説明をしよう。

精神分析およびそれを利用して行われる神経症などの通俗的な治療法のようなものが、アメリカでは常に無数に近く編み出されていて、プライマル・スクリーム療法も、そのうちの一つだと考えられている。

自分にとって本当に欲しかったもの、自分がなりたかったもの、自分は本当はかくありたかったという、その人にとっての根源的な形でのいくつかの欲望を、まずその人の幼児期の中の過去をさかのぼって探り当てる。

探り当て方は、アメリカでごく一般的に行われている精神分析の場合と大差がないように思われる。何らかの薬物が補助的に用いられることもあるらしいのだが、たいていはヤノフ博士の誘導と、分析される側の人の告白的な述懐とによって、何枚も重ね合わされている皮を少しずつむき、幾重にも積まれた瓦を取り外すようにして、その人が幼児期に抱いていた根本的な欲望に迫っていく。

たいていの場合、探り当てることは可能らしい。探り当てたならば今度はその根源的欲望と、その人が幼児期に実際に体験をした現実とのずれ具合がどのようであったかを突き詰めていく。ずれが全くない人は皆無であり、すべての人がそのずれによって引き起こされた心の変形を幾層にもため込んでいる。

簡単な例をあげてみよう。例えば、自分は幼児期において母親のことを「ママ」と呼びたかったのに、「ママ」と呼ぶたびに母親からは、「お母さん」と言うように訂正され、「お母さん」と呼ばない限り母親から相手にしてもらえなかったという体験が幼児期にあったとしよう。その人は、母親を「ママ」と呼びたい気持ちを心の底に埋葬してしまい、「お母さん」と呼ぶことを選択してしまう。

母親を「ママ」と呼ぶという、少なくとも自分にとって非常に大切な、しかもごく自然な欲望は抑圧され、その代わりに母親の側に自分を適応させるために母親を「お母さん」と呼ぶ。そのことによって、強制された枠が一つ心の中にはめ込まれていく。

さらに、「ママ」よりも「お母さん」のほうが上品であるとかの説明が母親の側からなされ、その説明を信じて自分の母親を「お母さん」と呼ぶことになる。それが重要な要因になっていたりすると、それだけですでに強制された枠は二重のものになってしまう。

このような、目には見えない枠が、どの人にもほとんど無数に近いくらいある。その人にとって嫌なもの、嫌な体験の過去にさかのぼりつつ、それらを一つ一つ聞き出すことによって、この枠を順番にかいくぐっていき、最後に母親を「ママ」と呼びたかったのに母親からその願望を拒絶されたという根源的な傷を引っ張りだす。

核心に近づくに従って、治療されている人は苦しみ始め、泣き、叫び、頭を抱えてのたうち回る。その人にとって重要で核心的であったこと、例えば「ママ」の一言が、ついに悲鳴となって出てくる。この悲鳴が、プライマル・スクリーム（根源的な悲鳴）ということだ。自分では見えないところにある自分の心の中を、複雑な合わせ鏡を使って、初めて見たのと似た感動がその悲鳴には込められており、自分はこうだったのかと、改めて（自分を）発見し直すことになる。

以上が「プライマル・スクリーム療法」についての概略である。「その人が幼児期に抱えていた根源的な欲望」を精神分析や薬物を使って見つけるということだ。

書籍「Ｍｏｔｈｅｒ 心理療法からみたジョン・レノン」には、「ジョンの根源的な欲望とは、母親的なこと」と断定して書かれているが、はたしてそれだけだろうか？　その結果で出来たといえるアルバム『ジョンの魂』『イマジン』では、母親のことが中心題材にはなっていないと私は判断をしている。

「Mother 心理療法からみたジョン・レノン」
（待島浩司著・木星舎）

ここで、ジョンとヨーコがプライマル・スクリーム療法について議論している記事があるので読んでみよう（また、どうしてもキリストの話が出てくるのだが……）（「ジョンとヨーコ　ラスト・インタビュー」より）。

※

ジョン　完璧なキリスト教徒らしいキリスト教徒を見たことがあるか。別の宗教でもいい。その理想どおりに従っている信者なんて見たことがあるかい。完全な人間なんていないよ、そうだろ。誰も完璧なんかじゃない。完全な人間というのは完全だと言われているだけのことさ。

〝プライマル療法〟もそうだ。アーサー・ヤノフはたまたま独自の療法を開発した。その前は、まったくのフロイト派の心理学者だったんだ。ところが偶然この療法を見つけて、今では理論を発表し、本も書いている。驚きだよ。もし、ヤノフの療法がキリスト教と同じくらい広まって彼が死んだとしたら、人はヤノフを崇拝するようになる。べつにヤノフでもワーナー・エアハルトでも、だれのシステムでも、泳ぎの学び方でも同じだ。水泳そのものはいいよ。ビートルズも同じだ。ビートルズはイエスでも、ヤノフでも、エアハルトでもない。たぶん、ビートルズは上手な泳ぎ方を知っていたんだろう。でも、大切なのは水泳そのものだ（興奮気味で）大切なのはレコードだ。ビートルズの個人じゃない。

ヨーコ　私はそうは思わないわ。ビートルズは……。

ジョン　何だよ！（笑いながら、今度は叫んで跳び上がる）やっとすっきりさせたと思ったのに。チクショウ！

ヨーコ　ビートルズが音楽を通して伝えようとしたエッセンスは、どこにでもあるものとは違うわ。それは、パッケージ商品のように……。

ジョン　でも、問題はそこじゃないんだ。キリストのパッケージには聖母マリアあり、奇跡あり、砂漠の旅ありだ。ブッダにもそういうパッケージがある。

※

コメントです。

「ジョンはアーサー・ヤノフを高く評価している。またキリスト教でのイエスへの崇拝のシステムについて話をしているが、ごくごく一部の事柄だ。ごく一部をピックアップして、全体として大げさに主張をすることを『嘘』という。しかし必死に語る彼をイマジンすると悲しくなるのだ」

アーサー・ヤノフ博士はフロイト派の心理学者だった。フロイトは患者である精神を病んでいる人を中心に研究をしており、人種はユダヤ人だ。そして裏では悪魔の研究をしていたのである。

私が思うに、精神の病んでいる人を中心に精神を研究しても偏ってしまい、すべてが明らかにできるとは思えない。フロイトは本質的に性悪論者であり、それを基に心理学を作っていった。ユダヤ人は旧約聖書のみをバイブルとしているので、原罪説が強く入り過ぎてしまい性悪論者になりやすいのだ。

リビドー（欲望を意味するラテン語）という性動因を、人間の根本的なエネルギーと断定をして、発達段階論を、口唇期～肛門期～男根期～潜伏期～性器期と当てはめて人の精神を分析していく。

フロイトは以下のようにも語っている。「したがって、不快な考えが湧き上がってきたら、時にはそれに向かい合い対処したほうがよい」。これがアーサー・ヤノフの療法での対処方法がスクリーム（叫び）となったのだろう。

もともとジョンが作った楽曲には「ヘルプ」等々、アーサー・ヤノフに出会う前から同質のものがある。同じ波長はお互いが引き合うということなので、彼はプライマル・スクリーム療法にのめり込んだのだろう。

ヨーコは「ヤノフはジョンにとって父親だったと思うの。彼はファーザー・コンプレックスで、いつも父親を求めていたのよ」と説明をしている。

プライマル・スクリーム療法を受けた直後と思われる、彼のヤノフへの評価を書籍「人間ジョン・レノン」から読んでみよう。

※

アーサー・ヤノフ博士は、私自身の恐怖や苦痛の感じ方を、示してみせてくれたのです。それがわかったので、私は以前よりも恐怖や苦痛に対処できるようになっています。それだけのことなのですよ。私自身は変わっていません。恐怖や苦痛を追い出す回路がひとつできただけなのです。恐怖や苦痛はもう私の体内にのこりません。体内をめぐって出ていってしまうのです。

プライマル療法ほど効果的な療法がほかにあるとは思いませんね。しかし、むろん、私はそれを終えてしまったわけではないのです。まだ進行中のプロセスなのです。私たちはほぼ毎日プライマル（原始的な叫びをあげること——訳註）しています。簡単に言うと、プライマル療法は、絶え間なくフィーリングを感じ取れるようにしてくれるわけで、フィーリングが感じ取れると、たいてい泣きたくなってしまいます。私はフィーリングを遮断《しゃ》していたのですね。で、フィーリングが伝わってくると、泣いてしまうのです。

※

このように高く評価をしている。ただし、ヤノフ博士は、ジョンが療法中に叫んでいる姿を、無断でビデオ録画するという、医者として人として、あるまじきことをしでかしている。

そのプライマル・スクリーム療法とやらで、彼が体験したことは、だいたい推測がしやすいだろう。「お父さ〜ん！」「マザー、マザー、マザー！」とかはありありだろう。ヤノフ博士は、ジョンが信じたくない事柄を「嫌だ！」「私はそれを信じない！」とか叫ばせて、欲求不満の解消でもさせたのだろう。例えば「神とは人間の苦しみを図る概念なんだ！神とは人間の苦しみを図る概念なんだぞ〜！」とプライマルな感じでスクリームさせたのだろう。

そして、ジョンはヤノフ博士の治療方法を、「患者を怒らせるようなことを言ってきて、患者を攻撃し、大声で叫ばせる。大声で叫ぶというよりも、大声で叫ばされるわけだが、叫ぶことで肉体的・精神的・哲学的な壁を壊すことができる」と話していて賛美している。

では、彼にとっての精神や哲学の壁とはいったい何だったのだろうか？　いわゆるジョンの壁とは何だったのだろうか？　父や母のことだけではないだろう。彼はその精神や哲学の壁を壊すことができたと喜んでいる。まるで、「アイ・ファウンド・アウト」して悟ったのが如《ごと》く。

オノ・ヨーコはジョンが死んで数年が過ぎて落ち着いたころに、テレビのインタビューにて「ジョンはイエス・キリストをとても意識していました。その意識を取り外すことができて作られた曲が『イマジン』なんです。『イマジン』は二人（ジョンとヨーコ）の共作なんです」と、淡々と話していた。

実際は、もっと長く説明をするように話していたようだったが、私の記憶では確か？「ジョンには良いイメージとか悪いイメージとかでは決められない。強烈な意識の対象にイエス・キリストがあった。それは潜在意識下にも存在していて、それには恐怖感や畏敬の念や反発心や服従感が入り込んでいる（嫉妬心という単語は使われていなかった）。アーサー・ヤノフはプライマル・スクリーム療法でそれを突き詰めた。そしてジョンはイエスを意識していた精神や哲学の壁を壊して乗り越えることができた。それによって『イマジン』が作られた」もしくは、「イエスから解放された」だったかもしれないし、「イエスへの畏敬の念と恐怖感からの解放」だったかもしれない。何しろヨーコはこんな感じで回想しており、告白という感じではなく普通に話をしていたと思う。

「ヤノフ博士は患者を怒らせるようなことを言って患者を攻撃する」とあるが、ジョンの心理面を調べて分析をして、何を言って彼を怒らせたのだろうか？　例えば「ジョン、お前はイエスの犬か？」「ジョン、お前はイエス・キリストが怖くて怖くてしょうがないんだろ！」とか、「突っ張りジョンってカッコをつけているけど、本当はキリストにすがりたいんじゃないのか？」とでも言ったのだろうか。

ヤノフは患者が怒りたくなるツボを調べて、それへの反発心を刺激して、大声で叫ばせる。プライマル・スクリーム療法を経て作られたアルバム『ジョンの魂』と『イマジン』の歌詞に、そのヒントと答えがあると考えるのが妥当だ。

プライマル・スクリーム療法にて彼は生まれ変わった。「ジョン・ビアンション・レノン」の登場だ！　彼はついにイエスもブッダも堂々と否定できるような成長をした。何でも否定できるスーパーヒーローに変身をしたのだ。

青春期では仲間を誘ってアトラクションの数々（尼さんへバルコニーから小便をかけて楽しむ。新聞紙などでキリストの像を作ってその股間にビールの入ったコンドームをぶら下げて屋根の上に立たせる等々）をレクリエーションで行っていたジョン。潜在意識に埋め込まれていると思われるほどのイエスへの意識が、大人になって似た者同士のヨーコと出会って、歌の詩で芸術的によるパワーで、世界に向けて訴えられるようになったのである。それに対して罪の意識がなく、正常な状態で行えるのだ。

こうしてスーパーヒーロー反骨の貴公子が出来上がってしまった。オノ・ヨーコが生活と芸術のパートナーになって、アーサー・ヤノフの療法により、ついに「ジョン・ビアンション・レノン」が完成した。彼は保守的な考え方を、ほぼ全否定できるようになった。

5. 彼が死んだ後（祭りの後の飛行機雲）

イ、「スターの凍り漬け保存現象」

ジェームズ・ディーンにしろ、マリリン・モンローにしろ、ジャニス・ジョプリンにしろ、シド・ヴィシャスにしろ、美空ひばりにしろ、キャンディーズにしろ、活動の途中でスターのまま、突然亡くなったり、解散や引退をすると、その晴れ晴れしい状態が凍り漬けのようになって固まり、悲劇のヒーロー・ヒロイン的に偶像化されて長く照明が当たり続けることになりがちだ。私はこの現象を「スターの凍り漬け保存現象」と命名している。ままあることで、ジョン・レノンも「スターの凍り漬け保存現象」になってしまったのだ。

ロ、ヨーコが世界の新聞でどんな文句でジョンを宣伝して宣言をしたのか？

星加ルミ子著「ビートルズとカンパイ！　わたしの出会ったビートルズ」（シンコーミュージック）の最終章には、以下の事柄が書かれている。ヨーコが失意のどん底の時に、掲載した広告についての意見だ。

※

でも、このヒーローの最期にとんでもないミソがついたと思うのは、ジョン・レノンの死後オノ・ヨーコが出した、世界何カ国かの一流紙1ページに掲載されたメッセージね。あのメッセージで泣いたという若い人が何人もいたそうだけど、私にはしらじらしく、「何をカンちがいしているの、ヨーコさん……」という気持ちがあったから、とてもうんざりさせられたわ。

これまで何人の英雄が悲運の最期をとげたかしらないけど、あんなメッセージ広告を出すような厚顔で無教養な奥さんがいたかしら？

たしかにジョンは若者の英雄であり偶像であり、すぐれたアーティストではあったかもしれないけど、よく考えてみたらわかるとおり一介のミュージシャンでしょう。世界のビートルズの元メンバーではあっても、彼はやはりミュージシャンであるわけ。

それをカンちがいしてか、ジョンに代わってあんなメッセージ（内容のよしあしはともかくとして）を世界にバラまくなんて、並みの神経でできることではないと思うの。オノ・ヨーコの人間性を見た思いで、ジョンが気の毒になるとともに、とてもあと味悪かった。ああいう精神構造ってヨーコ独特のもので、凡人にはとてもついていけないのよね。

私のこんな見方って、ちょっと意地悪すぎるかしら。まあ、最愛の人を失った直後だったから、多分に混乱し、とりみだしていたんだろうと思うけど、私はとうとうおくやみの手紙を書かなかったわ。そんな気になれなかったの。

※

ヨーコが行ったジョンの死後に「世界何カ国の一流紙の一面に掲載されたメッセージ」には何が書かれていたのだろうか？　人は有頂天のトップになったとき、もしくは失意のどん底になった時に、本音を出してしまいがちだ。

このヨーコが出したという広告の資料はいまだに発見ができていない。しかし「何を勘違いをしてか、ジョンに代わってあんなメッセージ」とあり、「内容の良し悪しはともかくとして」とあるので、内容だけは良いメッセージであったと推測できる。一方で「並みの神経でできることではない」とあるので、とんでもない広告にもなっていたのだろう。しまいには「私はとうとうお悔やみの手紙を書かなかったわ。そんな気持ちになれなかったの」と締めくくっている。いかに結論として悪い広告であったのかが、たやすく推測できる。

オノ・ヨーコがジョンの死後に出した広告とはどんな内容だったのであろうか？　私の仮説だが「ジョン・レノンの救世主宣言！」だったのではないか。それは彼の生前からの発言から十分に推測ができることなのだ。

そのせいなのか？　ポール・マッカートニーはヨーコへのわざわざの反論という形ではないが、ジョンの死後こう述べている。

「ジョンは偉大なけなし屋だよ。あいつはただのけなし屋だ。人物としてはそれほどのものではないよ。いろいろとけなして人気者になったのさ。たぶんあの世でも自分が暗殺されたことをけなして人気者になっているだろうさ」

こんな感じで話をしていた。私はポールの意見が冷静で正しいと思っている。

しかし、ジョンが暗殺された直後の彼の人気の上がり方は本当にすごかった。イギリスではジョンやビートルズのレコードが飛ぶように売れた。ＥＭＩの工場はレコード臨時増産で大忙しとなった。アルバム『ダブル・ファンタジー』はチャートで1位を3週間連続で獲得し、シングル「スターティング・オーヴァー」も1月10日付けで1位を獲得した。

イギリスでのチャートの特徴的なことは、新譜だけでなく「イマジン」などの旧譜も次々とランクインしたことだ。12月20日のメロディー・メイカー紙は、ジョンの死後3日の間にシングル「イマジン」と「ハッピー・クリスマス（戦争は終った）」が各30万枚、「平和を我等に」は10万枚出荷されたことを報じている。1月17日のチャートでは前週の「スターティング・オーヴァー」に代わって「イマジン」が1位となり、「ハッピー・クリスマス（戦争は終った）」も最高位3位を記録。アルバム・チャートも『イマジン』が最高位4位、ベスト盤『シェイヴド・フィッシュ〜ジョン・レノンの軌跡』も最高14位まで上がった。

ビートルズ時代も含めたジョンのレコードはアメリカ合衆国各地でも爆発的な売れ行きをみせた。

結果的に『ダブル・ファンタジー』も「スターティング・オーヴァー」もヒットチャートを急上昇し、ビルボード誌では、アルバム『ダブル・ファンタジー』が8週、シングル「スターティング・オーヴァー」が4週にわたって1位を記録した。

ニューヨーク、ロサンゼルス、ボストン、シカゴ、シアトル、アトランタなど全米各地でジョン・レノンを追悼する集会が開かれた。ワシントンDCでは、リンカーン大統領記念館の前で数千人が「平和を我等に」を歌った。ロサンゼルスでは2千人が集まり、3時間にわたってジョンの冥福を祈った。本当に世界的な大事件だった。

私はジョン・レノンが、『ダブル・ファンタジー』を発表したころに、このように話していたのを記憶している。

「これからは、もうジョンとヨーコの話題ばかりするのはやめようよって言われるくらいにジョンとヨーコは注目され話題に挙げられるようになるよ」

今から思えば、変な予言だった。それを思い出して寂しくなる。

そして彼は何を勘違いしてか、こうも話していた。「未来は、ジョンとヨーコはアブラハムとサラ（アダムとイブだったかな？）のように言われるようになるよ」

ということは、シンシアはハガルで、ジュリアンがイシュマエルで、ショーン・レノンはイサクだろうか。

私は彼の耳元で優しくささやいてあげたい。

「ジョン！　その空想は間違っている。勘違いだ。また君は自ら勘違いをしたいのであろうがな」

ＰＳ．ただし都市伝説オカルト論において、これも変な予言として考えることができます。アイロニー、逆説、新説……。解るかな？

6．ビートルズはキリストよりも偉大だ

イ、彼は言った「僕に都合の良いようになるのさ」

※

――以前に、気持ちがビートルズから離れだしたと感じたのは、ヨーコと知り合ってからだとおっしゃいましたね。

ジョン　違うよ。ヨーコと知り合う前からだ。僕は……臆病で、ヨーコを利用したんだ。人生はひとつじゃないとわかって、ビートルズをやめる勇気が湧いた、ということだ。でも、ビートルズがツアーをやめた1966年のころには抜けたいと思ってた。最後のツアーは〝イエス・キリスト・ツアー〟と呼んでたけど、〝クラン（KKK団）〟やそういった連中が、僕が軽く言ったことに対して食ってかかってきたんだ。

――「ビートルズはキリストより偉大だ」という発言ですか？

ジョン　そうだ。（「ジョンとヨーコ　ラスト・インタビュー」より）

※

これは彼が39歳と11カ月で完全に大人になっている時期のインタビューでの話だ。反省とか、後悔とかをこの話し方から感じることはできない。

このインタビューでは「ビートルズはキリストよりも偉大だ」と訳されている。ということは「偉大だ」という言葉使いが真実だったのだろうか。そもそも「偉大だ」とは本音だったのだろうか。調子に乗り過ぎだったので、本音というよりも欲求に近かったのかもしれない。隠していた「欲求の本音」が出てしまったのだろう。

ビートルズ初期はジョンがリーダーだった。ジョンはイエスの中のイエス、王の中の王ということだろうか。キリスト教の中のイエス＝（イコール）ロック界の中のビートルズで、その中心のジョンという図式だ。

ここで、絶頂期の彼の発言を、「ビートルズ語録」（マイルズ編著・吉成伸幸訳・シンコーミュージック）から読んでみよう。

※

ジョン　キリスト教はダメになるだろう。衰退して消え去るだろう。わかりきっていることだ。ぼくの言うことは正しい。歴史が証明してくれるはずだ。ビートルズは今やイエス・キリストよりずっとポピュラーだ。キリスト教とロックと、どっちが先にダメになるかは何とも言えないがね。イエスは偉いやつだったが、弟子がひどいやつらで、ごくあたりまえの人間どもだった。やつらがキリスト教を歪めてダメにしてるから、ぼくに都合がいいい、い、い、い、ようになるのさ。

※

私がこの彼の発言の中で、最も注目をしている言葉は「僕に都合の良いようになるのさ」だ。これは、ジョンとイエスのポジションが入れ替わるっていう意味と同じ？　未来はそうなるって言っているのと同じだろう？　彼は、まず「キリスト教はダメになるだろう」と言い出しておいて、締めくくりには「僕に都合の良いようになるのさ」と主張をしているのだ。

「キリスト教＝ロック界、イエス・キリスト＝ロックのトップのビートルズ」という構図で話をしている。彼はこのような視点で脳を働かせていたのだ。「キリスト教はダメになり、衰退して消える」ことは、彼にとっては都合の良いことなのだ。

「僕に都合の良いようになるのさ」の意味が理解できただろうか？　理解できた人は、このとき25歳のジョン・レノンの欲の深さも理解してほしい。

私は真剣なまなざしで、彼に伝えてあげたい。

「自分のことを大きく見せたいのだろう。でも自己覚知をしなさい。あなたはイエスのような人間になる価値はありません。それはあなたの人生で行ったこと、そしてあなたの性格、性質に基づいて言えることです。『才あって徳なし』とはあなたのことです。あなたとイエスでは月とすっぽんです。イエスはイエスです。あなたはしょせんジョン・ビアンジョン・レノンです」。

第二章

無名時代、ビートルズ時代の彼の蛮行

1. レッツ・ゴー・トゥ・ザ・ハンブルク

イ、彼の本性が花開いた

1960年8月、新たにピート・ベストをビートルズのドラマーに迎えて、ビートルズはドイツのハンブルクへ出稼ぎにいくことになる。メンバーの年齢はとても若い。ジョンが19歳、ジョンの親友のスチュアート・サトクリフも19歳、ピート・ベストが18歳、ポールも18歳、ジョージ・ハリスンにおいては17歳であった。メンバーたちはエネルギーに満ちあふれ破天荒でもあった。

それがバンドマンとして夜な夜なステージに立ち、演奏をすることになったのだ。これは檻《おり》から放たれた野鳥というか真夏のカブトムシというか、何しろ自由気ままな環境になって飛び回れるようになった。

この時期のビートルズのリーダーは確実にジョン・レノンであった。彼が一番自由が利く存在でもあったのだろう。ビートルたちは、この特別なハンブルクの時代に、悪い癖を多く身につけてリバプールに戻ってきている。

本章では、ハンブルク時代のジョンの行動を知って、彼の性質を見抜いてもらいたい。

まずは、リバプールからハンブルクへとアラン・ウィリアムズ所有のグリーンのオースチン・ヴァンに乗って向かう途中の逸話だ。ビートルたちは途中で一軒の楽器屋があったので店に入っていった。ビートルズの初代マネージャー、髭のアラン・ウィリアムズは店に入らなかった。数分過ぎてから楽器屋から出てきた彼らは何となく後ろめたそうな、何か興奮したような顔つきをしていた。アランは、彼らのそんな様子を見るなり言った。

「どうした？　君たち何かやらかしたな。何をやったんだ」

アランはこの旅では面倒は避けたかった、ビートルたちは就業許可証も持たず、学生を装って入国したのだ。これはまずいとアランは思った。

ジョン・レノンはあたりを見渡して、誰にも見られていないことを確かめた。そして彼はジャケットのポケットから大きな高価なハーモニカを取り出した。アランは「どうしたんだい？　これ」彼はみんなに見せびらかした。アランは、「どこでそんなものを手に入れたんだ、ジョン？　君は文無しだろ、え？」

ジョン「どこでって、これは俺のだよなあ」

アラン「かっぱらってきたな。盗んだな」

アランは詰め寄ったが、ジョンは彼独特の冷ややかな目で逆にアランをにらんだ。アランは「よくも盗んでくれたな」と言い寄った。

アラン「私たちは今、学生を装って外国にいるんだぞ。なんてバカなことをするんだ。

参ったよ。万引きとはね」

アラン・ウィリアムズは大げさに顔をしかめた。ジョンは答えようとせずハーモニカをポケットに押し込んだ。「そうさ」彼は言った。「かっぱらってきたのさ」アランは「バカだなあ、まったく」苦々しげに言った。「どうしてそんなことをしたんだ、ジョン？　まかり間違えば、この旅がおじゃんになるかもしれないじゃないか。ちゃんと言えば、ハーモニカぐらい買ってやったよ」

「そうだろうな」ジョンは言った。反省の色は全くなかった、彼はあくまでも鉄仮面に、アランが説教をしようとしても無駄さという態度で押し通させていた。

ジョンにとってこのような泥棒行為は小学生のころから常習で、幼少期は彼はお菓子を箱ごと盗んでいた。やはり彼は盗みをしても罪の意識を持たない。悪いことをしても反省しない。絶対に謝らない。これが彼の特徴だ。

むしろ盗んだことを自慢して、英雄ぶる厚かましさがある。

ジョンの謝罪に関する記事を紹介しよう。

「ジョンは謝るべきことがあったとしてもめったに謝らなかった。謝るのは弱い証拠だと信じていたし、絶対に降参をしないのが強い証しだと思っていたようだ。彼から『ごめん』を引き出すことができるのはミミ伯母さんぐらいのものだった。もしそれを口に出して言わなかったら、しこりが何カ月も残るのが彼に分かっていた場合の時だけだ」

イギリスではナチスドイツの話はしていないと思われるが、ドイツのハンブルクのステージでは、わざわざ話題にしている。

　ビートルズがステージで披露する道化ぶりは、必ずしもドイツ人を喜ばせるものばかりではなかった。ドイツ人の中には、いまだ戦時中の生々しい記憶をぬぐいきれず、戦争が終わって15年がたっていたが、「一つの民族、一つの国家、一人の総統」というナチスの理想を一刻も早く忘れたいと思っていた。

　ジョンは、それを忘れさせてなるものかと思っていた。彼は出演していたクラブのカイザーケラーのステージで「ジークハイル」と叫び、ナチス式の足取りで歩き回ってみせた。ドイツ人たちにかつての忌まわしい日々の記憶をよみがえらせて悩ませることを、彼は最高の喜びとしていた。客席全体に向かって「ファッキング・ナチス」と叫ぶことさえ辞さなかった。ざわざわとした話し声、グラスの砕ける音、酔っ払い客の怒号など、店内の喧騒にかき消されて、彼の声は誰にも届かなかったと思う。あるいは、聞こえたとしてもドイツ人の客は自分たちの耳を信じられなかったかもしれないが、ジョンは何度も繰り返して日々気まぐれに叫んでいたという。

　そして、ビートルズはこのころから金銭面でのトラブルが絶えなかったが、その主な原因はジョン・レノンにあった。

　アラン・ウィリアムズはこう語っている。

「ビートルズはトップ・テン・クラブで週150ポンドの出演料を受け取っていて、この中から毎週15ポンドを私に支払う約束だった。スチュアート・サトクリフが私（アラン）

に手紙をよこして、ビートルズは私に手数料を支払う意思はないと伝えてきた。スチュアートはジョン・レノンから頼まれたのだ。ビートルズはカイザーケラーの出演中にトップ・テン・クラブを自分たちで開拓したのであるから、私に手数料を払う必要はないと主張をしてきた。

これは違う！　リバプールのドイツ政府の出先機関を相手に私が交渉をしなかったら、彼らはドイツに入国をすることはできなかったのである。それに、法的に何もかも有効とするために、彼らの親や親戚の同意の署名を求めて駆けずり回ったのは一体誰だったのか？

私に対する彼らのこの誠意の欠けたやり方に、はらわたが煮えくり返った。すべては、ジョン・レノンの思惑に違いなかった」

「すべてはジョン・レノンの思惑に違いない」とのことである。アラン・ウィリアムズは傷心と怒りで取り乱しながらも、ビートルズに手紙を送っている。その手紙の内容とはこうだ。

「親愛なる諸君。トップ・テン・クラブ出演に際して交わされた契約の定めるところにしたがって君たちが、私に『手数料を支払おうとしていない』ことを知って非常に遺憾に思う。君たちは少なからず増長の傾向が見受けられるので、あえて言わせてもらうが、私の努力なしで君たちはハンブルクの空気さえ吸うことはできなかったのだ。それに契約によって拘束されている人間がその契約に介して新たな契約を結ぶことは違法なのだ（これは、

カイザーケラー出演中にトップ・テン・クラブ出演の地ならしをしたという彼らの主張に対してくぎを刺したもの）。（略）

私は決して君たちと喧嘩別れをしたくないけれども、誰だろうと紳士らしく約束を守らない相手とは一緒にはやっていけない。私は君たちをどこに出しても恥ずかしくない礼節を知る青年であると信じている。だからこそ、私は誰も君たちに耳を傾けようとしなかった時に、君たちを応援したのだ。

心を込めて　　　　　　アラン」

このように手紙を送ったアランだったが、結果は無残なものだった。ビートルズの態度は変わらなかった。初代マネージャーのアラン・ウィリアムズは、ビートルズというよりも、ジョン・レノンが態度を改めずに手数料を払わなかったとみている。

後日、アラン・ウィリアムズと2代目マネージャーのブライアン・エプスタインが、リバプールの酒場で交わした会話が残っている。ブライアンがビートルズのマネージャーになろうとしているころだと思われる。

アラン「で、何だね、ブライアン。ビートルズのことかね？　町中でビートルズのことを聞いているそうじゃないか」

ブライアン「そうなんだよ、アラン。あのねえ、君は彼らの最初の発見者だろ。だから彼らのことはよく知っているわけだ」

アラン「ああ、ブライアンそのつもりだったがねえ……、それで？」

ブライアン「どういう意味だ？　そのつもりだったっていうのは？　契約のことで彼らを快く思っていないのは知っているが……」

アラン「知っていたのか……。君自身のほうから聞いてくるまで何も話すまいとは思っていたがね、ブライアン。

いいか、ブライアン注意しろよ。用心しておけ。ハンブルクで彼らが私に何をしたと思う？　手数料を踏み倒したんだ。たかが週15ポンドだよ。あれだけ彼らのために骨を折ってやっていた私に対してのやり方かね。私がいなかったら彼らは日の目を見なかったかもしれないんだ」

アランは彼らを汚くののしった。ブライアンは明らさまに眉をひそめた。

アランは続けた。「あんな恩知らずな連中はいないね。悪いやつらじゃないんだよ。でも、こと契約となると全く信頼ができないんだ。何かサインをするときには十分に気をつけろよ。絶対に穴があかないように念を押すことだね。君自身のためにも、彼らのためにもさ」

ブライアン「分かったよ、アラン。で、僕は引き受けるべきだろうか。君の意見はどう？」

アラン「正直な意見を言おうか、ブライアン。あんな連中にはかかわり合わないほうがいい」

この会話からアランの悲痛な思いが伝わってくる。繰り返すがハンブルク時代のリーダーはジョンだ。

彼は幼少期から泥棒を行っていたが、さすが凶器や暴力による、無理やり金品を奪い取る〝強盗〟はほとんど行っていない。

しかし、ピート・ベストの自伝にはジョンの強盗の話が紹介されている。ハンブルク時代のドラマーでビートルズのメジャー・デビュー直前に解雇されたピート・ベストは、その後ビートルズのメンバーたちとの付き合いは全く断たれ、自殺未遂まで行っている。何とか立ち直って（市役所職員として勤務、しかも職業紹介の任務）、ピートはビートルズに在籍していた時期を中心に、自伝を出版しているのだ。

この自伝もアランの本と同じく、いわゆる〝こび〟が少ない。今では、特にハンブルク時代のジョンを知るための一級資料となっている。そのピート・ベストの自伝「もう一人のビートルズ　ピート・ベスト・ストーリー」から、ジョンの強盗についての場面を紹介する。

※

とりあえず一番不足しているのは金だ。俺たちは始終金のことで話しあい、なんとか収入を増やす算段を考えようとしていた。でも長い時間はかけられない、てっとり早い金もうけでなければ意味がない。銀行強盗以外にもなにかいい手があるはずだ。

ある晩、ついにチャンスが巡ってきた。ハンブルクで一番に重い財布を持った、金づかいの荒いドイツ人水夫が、カイザーケラーにやってきた。

三〇代半ばか後半だろう。牛のような肩をした大男だ。俺たちの音楽をすっかり気に入ってくれた水夫は、自分のおごりでステージのメンバー全員に酒を運ばせた。しばらくしてまた一杯、それからまた一杯、おけらの時に持つべきはこういうファンだ。

夜も更けた頃、ウエイターが何度目かのビールとつまみと一緒に伝言を持ってきた。

「ビートルズに惚れ込んだんだとさ。仕事が終わったら、どこかで一緒にめしでも食おうって」

俺たち四人は顔を見合わせてにんまりとした。ステュはいつもどおり、アストリッドと御帰還だ。残された俺たちは、ただで大御馳走を食えると思っただけで、大喜びだった。

四人はレストランでも水夫に酒をふんだんにふるまわれ、気分は上々だった。水夫がテーブルの上で握りしめている財布は確かにずっしりと重そうだった。

水夫がテーブルを離れた数分間討議した結果、ジョンと俺は同じ結論に達した。ポールとジョージは怖気づいたのか、あまり乗り気ではなかった。

「あいつなら楽勝さ」ジョンと俺はつっぱった。

「ここを出て適当な場所まで行ったら、あとはワン・ツー！　二発で財布は俺たちのものさ」

ポールとジョージはまだ納得しかねる顔つきだったが、結局、しぶしぶ俺たちに同意した。

水夫がどこまで帰るつもりかは結局わからずじまいだったがようやく腰を上げ、お開きを宣言したのは、空も白み始めるころだった。俺たち四人は駅まで見送りと称して、十一月の寒風吹きすさぶ外へ出た。

途中にいくつかある駐車場に引きずり込んで、少し痛めつけ、上着をひっぺがして財布を抜き取るという段取りだった。（略）

ようやくカツアゲに適当な場所に近づくと、ポールとジョージは遅れはじめ、俺とジョンだけが水夫の脇を肩で風を切りながら歩いていた。そのうち、ジョージが疲れてきたと文句をいうのが聞こえてきた。俺たちとの距離は広まる一方だ。ついにポールとジョージの「タラー」というかすかな声が俺の耳に届いた。連中は怖気づいて逃げ帰ってしまったのだ。

ぐずぐずしてはいられないと、レノンと俺は水夫に躍《おど》りかかり、駐車場の鉄柵に押しつけた。とっさに事情を察した水夫は、必死の反撃を開始した。あれだけの大酒を食らった男とは思えないほどしっかりとしている。ジョンがまずきつめの一発を水夫に見舞い、膝を折らせたところで、すかさず俺が飛びかかり、組み敷いて財布を頂戴する、という筋書き通りには簡単にいかなかった。世界各地の波止場で、相当の場数を踏んでいるにちがいない。男はしぶとく、また立ち上がった。

ごつごつとした岩のような拳がレノンに命中、数フィート飛ばされた。次に水夫は、俺にパンチをふるいはじめた。しかし俺は、もみ合っているうちに、なんとか財布をひったくることに成功した。

レノンがよろよろと起き上がりかけた時、水夫はズボンの尻ポケットに手をやった。冬の早朝の薄明かりの中で、鈍く光を放つ物体は、まぎれもなく拳銃だった。

その銃口から鉛の弾丸が飛び出すか、ただのガスが飛び出すだけなのかを見分けるのは難しい。第一、そんな悠長なことを考えている暇はない。俺たちが体勢を立て直す前に、男の指が引き金にかかり、弾丸が飛び出してきても不思議はない。

レノンと俺は同時に頭を下げて、水夫に突進していた。（略）俺とレノンは、頭といわず腹といわず殴りつけ、逃げやすいように思う存分奴を痛めつけた。こうなったら、トンズラする以外手はない。俺たちはうしろも見ずに駆け出した。（略）水夫がしつこく俺たちのほうに四、五発撃ってきたのは、幸いにもただのガス銃だった。やっと煙から逃れた俺たちは、奴が立ち上がって追跡を開始したかどうかも確かめずに、ただひたすら走りつづけた。（略）

必死の思いでバンビ・キーノのジョンの部屋に倒れこんだ時、俺たちの心臓は破裂寸前だった。部屋ではポールとジョージが戦利品のおこぼれをもらえまいかと、わくわくしながら待ちかまえていた。

「いくらパクったんだ？」ジョージがベッドの上から聞いた。

「ビタ一文とれなかったんだ！」レノンはあえぎながら、みじめな声で答えた。

「鼻血は出るし、体中あざだらけさ」俺も軽くつけたした。

俺は次に、なんでそのような結果に終わったのかを説明した。ジョンと俺が銃を構えた水夫に突進していった時、俺は乱闘の現場に財布を落としてしまったのだ。

ポールとジョージは、床にひっくり返って、笑い転げただけだ。

こうしてカツアゲの世界でのビートルズの最初で最後の武勇伝は、聞くも涙の大失敗に終わることになった。

※

こんな感じで、〝青春の1ページ〟といった感じで記載されている。フィクションではなく、本当に行われた出来事なのだ。微笑んで読めただろうか？

しかしよく考えてみれば、そんな〝青春の1ページ〟とはまったく違う事件と分かる。気前良くビートルズにおごっていた何の罪もないハンブルクの水夫の立場で考えてみよう。水夫は2対1で襲われて殴られ、押し倒されて頭や腹をけられ、強盗者が逃げやすくするために、存分に痛めつけられたのだ。どんなに心と体が傷ついたことだろう。自分たちに気前良くおごってくれた酔っぱらいを狙って財布を取るために徹底的に痛めつける。これは人としてやってはならないことだ。人間として許してはならない行為である。たまたま財布の強奪には失敗をしたが、性格が悪くないとできないことといえよう。このような見解ができるようになったら、大人になっているということだ。

ハンブルク時代のジョン・レノンは知り合いの目を一切気にしなくてすんだ。自由に活動をすることができた。彼の羽根を自由にはばたかせた、エネルギー満々なるとき、その環境設定がされた場合に、彼はどのような行動をするのかを引き続き紹介していく。

2. ごめんねシンシア・パウエル嬢（セックスを遊びですることができる男）

イ、ラブリーな二人（絶対に浮気をしないと約束）

ジョンの最初の妻になるシンシア・パウエル。シンシアと彼はティーンエージからの付き合いで、お互い本気で愛し合っていた。ジョンお得意のラブラブな写真を芸術的に撮った、シンシアとの写真は数多くある。その後、ジョンはヨーコと多くのラブラブ写真を撮ったが、それに勝るとも劣らない見事な写真をシンシアと残している。それは若さを感じさせる芸術性ある写真が多い。

シンシアの自伝「素顔のジョン・レノン 瓦解へのプレリュード」（シンシア・レノン著・江口大行、シャーロット・デューク訳・シンコーミュージック）からの抜粋で、二人のラブラブぶりを紹介する。

※

あのパーティーの後、ジョンと私（シンシア）はできるだけ逢うことにした。

互いに好きだということがわかったあの日、パブで飲んだ後、ジョンと私はスチュアートの部屋にちょっと隠れた。あの時、セックスするということはもう私の頭にあったし、ごく自然にそうなった。あの時、他のことは頭に入らなかった。もう出来るだけ近い人になりたかった。そしてあの瞬間から、互いに、一体になっていた。ジョンと私の間には、若い二人ができうる限りのまじめな愛があったが、どこまで行きつくかはわからなかった。今日のことだけで、明日のことまでは考え及ばなかった。明日など存在しないに等しかった。過去も現在も未来も関係なく、その時に起きることや愛している男の態度に頼っていた。それにジョンは気分屋だった。

私も自分がジョンの友達と仲良くなれるとは思わなかったし、同様に私の友達はジョンに批判的だった。あなた狂っているわよ、だいたい彼が狂ってるんだから彼と一緒にいると問題起こるわよ、何かあなた自分を無理に傷つけてるんでしょ？　両側から反対をされていた。けど、そういう意見が仮に正しかったにしろ、私たちの愛の妨げにはならなかった。互いに愛し合っていることだけしか問題でなかった。

ジョンと私は二人だけの時間を過すためカレッジの食堂のステージの裏で昼を食べた。

※

このようにお互いが本気の恋をしている。この二人のことを、同じ学校であるリバプール・カレッジ・オブ・アートに通っていた人が振り返ってこう語っている。

※

ジョンは自分では他に色目を使うくせに、シン（シンシアのこと）がちょっとでも他の男にちょっかいをかけると、ひどく怒り、詰め寄ったりした。「彼女は（ブリジッド・バルドー・タイプでとてもかわいかったし、僕も食堂で見かける彼女を見て楽しんでいましたよ」とマイケル・アイザックソンも言っている。また別の学生、アン・メイソンも、大学では他にいくらもボーイ・フレンドがいたぐらいシンシアはきれいだったが、レノンに対しての打ち込みようはまったく信じがたかったと言っている。「シンシアのような子が、レノンっていうどうしようもない奴とくっつくなんてまったく驚きでした」とはアイザックソンの話。「二人はおたがいにうっとりと見つめあっていましたよ。まったくぞっこんでしたね、二人とも」。

※

「シー・ラヴズ・ユー」や「プリーズ・プリーズ・ミー」の歌詞をみれば、二人が愛し合い良い関係を作っていたことが分かる。ジョンは「プリーズ・プリーズ・ミー」は「街を歩いている年上の美女を見て作ったよ」と説明をしている。シンシアはジョンよりも一つ年上で、まさにシンシアへのラブレターのような曲だ。ジョンに詳しい人なら歌詞を読めば、シンシアへのラブソングだと理解して推測することはいとも簡単なことだ。

ビートルズは1960年の8月16日にハンブルクに向かう。もちろん泊まり込みで滞在をしてライブハウスで演奏をするためだ。その旅の直前にジョンとシンシアは、お互いに約束を交わしている。その約束とは何だったのか？　シンシアの告白をそのまま掲載する。

※

ジョンと別れるのはひどくつらかった。彼に会って以来、電車で走る二十分ぐらいの距離以上離れたことはなかったから。二人ともビートルズがドイツに行くことにはすごく興奮していたけど、別々になることを考えるとみじめだった。絶対に毎日手紙を書くし、絶対に浮気をしないと約束し合った。愛情溢れる別れだった。

※

このように「お互いが絶対に浮気はしない」と固く約束をしているのだ。ただしジョン・レノンの浮気は絶対にしないという約束はその後どうなったのだろうか？　ただ私が言えることは、彼はシンシアに「俺は浮気はしない。絶対！」ということを信じさせることには成功をしたということである。

ロ、毒を食らうならば皿まで（浮気をするならば㋘○の穴まで？）

ジョン・レノンという者はいとも簡単に、シンシアと交わし合った約束の「浮気はしない、絶対！」を捨て去っている。

まずはハンブルクでのジョンも含めたビートルたちの全体像の下半身事情の分かりやすいアラン・ウィリアムズの回想録の記事があるので、それを知って認識してもらいたい。

「古い歴史のあるハンブルクの街に時ならぬ旋風が巻き起こった。誰もかれもがリバプールからやってきた若者に夢中だった。グループのほとんどが、決まりの相方の部屋に泊まった。娼婦たちは彼らをペットのようにかわいがり、彼らが文無しの時は食事をおごり、着るものも買い与えた。時には高価な楽器を買って与えることもあった。ハンブルクの夜の女はビートルズに首っ丈だった。

行く先々で彼らはちやほやされた。

彼らは演奏の合間にバーでちょっと姿のいい女に出会う。一緒に飲んで、手を握り、甘い言葉をささやき合い、そしてステージがはねてからどこかに泊まることになる。彼らはこれが恋というものかと思うのだ。

何日かの後、売春街を歩いていく途中、彼らは自分のガールフレンドが革のズボンをはいて腰を振り回しながら客を誘っているところに出くわすのだ。もともと険のある性格のビートルズがハンブルクでますます鍛えられたとしても何の不思議があろうか。それも人生だと彼らは達観したのだ。

名前は伏せておくが、ハンブルクに演奏に来ていた某グループの中のあるメンバーがゲイクラブの美しいゲイにすっかり夢中になってしまった。しかし、彼というべきか彼女というべきか、あの女装の男性娼婦の豊かな胸や、それに劣らぬ美脚、桃のような肌を見て男女の区別がつく人間がいたらお目にかかりたいくらいだったから仕方がないのかもしれないが……。

これも名前は伏せておくが、リバプールのある青年たちは、そうしたゲイたちとの付き合いを楽しむために自ら女装をしたほどである。彼らないし彼女らといった不思議な人種たちは、シリコンを注入したり、ホルモン剤を使用したりして、あのほれぼれする胸を作り出していた。（女遊びに）馴れていない相手に、素晴らしい美人から誘われたと勘違いさせることなど朝飯前であった。そしてある瞬間に、客はその〝女性〟が多くの点で自分とまったく同じ体であることを知らされるのだ。むしろ時には、彼女たちは驚くほど立派な男性であった」

さすが狂気の街ハンブルクである。「ハンブルクに出演していたというグループのある者」が、誰であるかは明らかにされていない。記名してある書籍もあるが、証拠はなく、しかもポール・マッカートニーはジョンのゲイ説を否定している。私も彼であるとは断定ができない。

「ジョン・レノン　アメリカでの日々」（ジェフリー・ジュリアーノ著・遠藤梓訳・WAVE 出版）

しかし、ジェフリー・ジュリアーノ著の「ジョン・レノン」には、以下のように書かれている。真実かどうかは別として……。

※

一九八三年、筆者はたくさんのビートルズ事情通と顔見知りになり、のちに長く彼らの広報担当を務めたデレク・

テイラーともそこで知り合った。彼は筆者に、ジョンとスチュアート・サトクリフが意気投合した当時のエピソードを語ってくれた。それは、初期のビートルズがギグを行なうために滞在した映画館バンビ・キーノでのできごとだった。ある日、ポール、ジョージ、ピート・ベストの三人は地元の女の子たちと船遊びに出かけたが、ジョンとサトクリフはあとに残り、レーパーバーン街(ハンブルクの繁華街)に軒を連ねる無数のいかがわしいバーの一軒で、ぐでんぐでんに酔っ払っていた。ふたりは窮屈で騒がしいストリップ小屋で演奏をし、不潔な宿に耐え、さんざん働かされるうえに支払いの悪い状態がいつまでもつづく毎日を哀れみあった。酔い果ててわびしい気分になったふたりは、じめじめと冷えこむ汚い大部屋へと戻ってきた。サトクリフはつくりつけの寝台のいちばん上の段に腰かけ、ジョンは最下段に転がりこんだ。しばらくすると、ジョンがなにも言わずにサトクリフの寝台へと上がってきた。最初は互いを慰めあうためだったことが、ひそやかに性行為へと形を変えた。サトクリフがジョンの上に折り重なったのだ。ジョンがこの話をテイラーに開陳したのは、ロンドン郊外の自宅でＬＳＤを飲み、べろべろにトリップしていたさなかのことだった。

※

この記事からすると、ジョンのイチモツがサトクリフのお尻の穴に入ったということだろう。もちろん、ジェフリー・ジュリアーノの「ジョン・レノン」に記載されていることがすべて事実かは分からない。ジェフリー・ジュリアーノは事実を調べて公表したと主張しているが、ただの聞き込み調査が中心だろう。聞き込んで語った人が、本当のことを伝えていたかどうかの裏まではとれていない。ジェフリー・ジュリアーノは次のようなことも付け加えている。

※

ハンブルク時代の若き日のビートルズについて語られた数あるセックス伝説のなかでも、アラン・ウィリアムズが記憶をたどって陳述したものほどショッキングな内容はまずないだろう。彼らのうちの少なくともふたりが、ナイトクラブで出会った百九十センチ近くもある魅力的な女装趣味の男性にうつつをぬかし、頻繁にベッドをともにしていたというのだ。それがどのふたりのことなのか、ウイリアムズは決して明かさなかった。ホルスト・ファッシャーもまたウイリアムズの回想を裏づけた。

「しょっちゅうジョンにフェラチオしてやっていた服装倒錯者がいたよ。そいつが男だと知ったときも、彼はただ面白がっただけだったね」。

※

ここで気になる箇所は、アラン・ウィリアムズの回想録では、「リバプールのある青年たち」と記載してあって、ビートルズとは名指ししていないのに、ジェフリーは「ビートルズのメンバーのうちの少なくとも二人」だと、記述をしている点だけだ。ちなみに、ジェフリー・ジュリアーノの「ジョン・レノン」はジョンの死去から20年以上たってから出版されている。

ジョンはブライアン・エプスタインとも同性愛疑惑があった。これも疑惑のままではあるが、私はこちらのほうは有りと思っている。なぜならエプスタインが突然死をしたときのことだ。エプスタインの悲報を知った直後のジョンの言葉が残っている。彼は大きなショックを受けてこう言っている。

「エピー（エプスタイン）とはゲイ関係に近いほどの仲だったんだ」

悲しみ嘆き、エプスタインの死の痛みを話しているとき、彼はそう言っていたのだ。感情的になって、つい話してしまったのだろう。

しかし、「ゲイ関係に近い仲」とはどんな関係なのだろう？　もしかしたら「ちょこっとゲイ」はあったのかもしれない。

このゲイ疑惑が出たのは、ジョンとエプスタインが二人で旅行をした時のことで、妻シンシアがジュリアンを産んだ直後のことだ。「ごめんね、シンシア」といったところだろうが、しかし彼は謝ることゼロの人だ。才能の豊かさと人格は全く別物なのである。

確実なのは、ビートルたちは女遊びが激しかったということだ。ピート・ベストの報告から、ビートルたちのハンブルクでの性生活を知ることができる。

※

みすぼらしい地下牢に難なく女の子を連れ込んだ俺たちは、すぐに果てしのないセックスの饗宴を繰り広げるようになった。一五分の休憩の合い間を利用して、楽屋の片隅でちょいと一発ということもよくあった。（略）

どのアパートにも大きな窓ガラスの中に一人ずつ女の子が入っている。ここハーバートストラッセでできる買物は、唯一セックスしかないのだ。

床から天井まである大きなガラス窓の中で、女の子たちは椅子やテーブルに乗って、エロチックなポーズで肢体をくねらせ、商品の宣伝にこれ努めている。（略）

さらに先に進むと、インドラで顔見知りの一人を見つけた。大喜びでキャーキャー騒いでいる。

「入ってよ、ただでいいわ！」

両親を説得するうえで、アラン・ウィリアムズが付き添いとして同行するということが、この冒険旅行の実現を可能にした第一の要因だった。ところが、彼はほんのしばらく行動を共にしただけで、一人さっさとマージーサイドに帰ってしまった。彼にしても、まさか俺たちをアラビアン・ナイトのハーレムまがいの環境に追い込む結果になるとは、夢にも思わなかったにちがいない。

ハーバートストラッセに通い始めてから、俺たちの演奏を聞きにくる飾り窓の女の子たちの数はかなり増えた。そして彼女たちはいつでも、ビートルズに対しては自分たちの献身的サービスを無料で提供をするといってはばからなかった。

（略）女の子たちのただ一人も、ノーとはいわなかった。バンビ・キーノの裏、俺たちの宿舎は、あっというまに、レノン、マッカートニー、ハリスン、ベストの四人組にとって、夜ごとの乱交パーティーの場に姿を変えた。

ポールとピートは、女の子を口説いて五フィート×六フィートの真っ暗な独房に連れ込むのに、多少手間どることもあった。しかしどんな苦労があろうとも、愛はつねに困難に打ち勝つものだ。

部屋が大きく、裸電球も一つあるレノンとハリスン組のほうが、状況はかなり有利だった。だが、この頃のポールとピートたちは、分かち合えるものはすべて分かち合う美しい友情で結ばれていた。それに夜ごとの桃色遊戯の際、ポールとピートたち四人に対して五、六人の相手がいるのが普通だった。（略）

ビートルズたちがわが家と呼んでいたみすぼらしい宿舎の中で繰り広げられた愛の交歓会の中でも、八人の女の子が詰めかけて、ビートルズの言いなりになってくれたある晩のことは、今でも忘れられない。彼女たちはビートルズ四人全員と、二回のスワッピングをこなした。

※

〝夜ごとの乱交パーティー〟とはすごすぎる。

ピート・ベストは「ビートルたちの危険な生活リズムを定めたのはジョンだ！」と言っている。この〝ハレンチ学園〟を創ったのは〝ザ・ジョン・レノン！〟だったのだ。彼は今、色情地獄に堕ちているだろうか？

リーダーのジョンが先頭になって行えば仲間もまねをするだろう。彼は人を堕落させるのが上手いのだ。彼は一体何者だ。彼は一体何者なのだろうか？　さらに、ピートはジョンについてこう語っている。

「ジョンがありきたりのセックスを嫌っていたことは、彼の話しぶりからよくわかった。『椅子の上でやった』『テーブルの上でやった』『68番目の体位でやったよ。女が部屋の隅で逆立ちするやつさ』彼の話を信じないわけにはいかなかった。なにせ、自分のセックスをいつもあけっぴろげに人に話す男だったのだ。1度に2、3人の女を相手にしたあと、彼は『数が多いほうが楽しいぜ』と豪語をしていた」

　ちなみにシンシア・パウエルと結婚をしてからも同じようなことを続けている。彼の貞操観念のなさは変わらなかった。

「ビートルズ・ツアーでの彼は強烈な女性ハンターで、シンシアとの結婚が失敗に終わった時、彼はそのことをシンシアに告白することになる。彼は女性に対する性欲が非常に強く、ことに新たに征服することに意欲を燃やしていた。彼と一緒にいた女性たちはジョンを恋人としては熱心だったけれども、『粗製乱造で、決してやさしくも思いやりもなかった』と言っている。生涯を通じて、彼は女性の尻を追いかけ回した」

　彼は乱交パーティーにも恥の感覚がない。

　彼がオノ・ヨーコに初めて会った時、実は乱交パーティーに参加するために外出していたのだ。

「1966年11月9日、ジョン・ダンバー（美術商。マリアンヌ・フェイスルの元夫）はジョン・レノンに一風変わった面白い展覧会があり、人に取り囲まれないように内々の仮展覧会に来ないかと誘った。

ジョンとシンシアは夜には別々のことをするのが多かった。彼女は絵を描いたり、編み物をしたり、サリー州ウェイブリッジで、母親と妻の役目に満足をしていた。しかもドラッグのせいで二人の関係はきしみ始めていたから、ジョンは一人で外出することも多かった。

11月9日に、くすんだガラスの入った運転手付きのジョンのミニクーパーはハプニングが起こると言われていた場所についた。ジョンは興味津々だった。風変わりで、ドラッグ的なインスピレーションのあるものならどんなものでも彼の興味を引いた。彼はハプニング、、、、とはてっきり乱交パーティー、、、、、、、、、、のことだと思っていた、、、と言っていた。彼はそのイベントに対する心構えは十分に出来ていた」(「ジョン・レノン㊤」より)

コメント。

「ここまで性的に乱交をしていても、まったく恥の感性がない人を尊敬してはいけません」。

ハ、映画「サテリコン」(よくまあ、エイズにならなかったね)

ジョン・レノンは「ビートルズの世界ツアーはサテリコンだった」と回想していた。それはハンブルク時代の〝ハレンチ学園〟を、さらに拡大したものだった。彼はハンブルクにて色情地獄をつくったのだが、さらに多くの人々を巻き込んで「サテリコン」にまでつくり上げていったのである。

彼はそのことを自慢しているかのごとくインタビューで次のように話している(回想す

るジョン・レノン　ジョン・レノンの告白」より)。

※

ジョン　ビートルズの公演旅行は、フェデリコ・フェリーニ監督の映画「サテリコン」みたいでした。イメージとしてはそうであっても、実際はまた別ですけど。私たちの公演旅行に一緒についてくるのを許された人は、私たちの仲間だとみなされていました。とにかく「サテリコン」でした。

——名前をあげなくてもいいからその状況を説明してください。

ジョン　ええ、オーストラリアでもどこでも、とにかく「サテリコン」なのです。「サテリコン」の中に4人のミュージシャンがいるのを想像してもらえたらいいのです。

——どんな街でもホテルでも？

ジョン　どこへ行ってもそのような状況はありました。私たち4人は、寝室は別にとって寝室までは入って来れないようにしたかったのです。デレク（・テイラー）やニール（・アスピノール。ロード・マネージャー）の部屋はいつもいろいろな人たちでいっぱいでした。警官とか、とにかくみんなです。何かやらなければいけなかったのですが、ピルがまだ冷めないときはどうしたらいいのですか。私はいつもデレクと一緒に一晩中起きていました。誰がいようといまいと起きていたのです。眠れたことは一度もありませんでした。非常にヘビーな状況でしたから。今となってはみんなやっていますが、当時はまだグルーピーとは言われてなくって、何か他の言い方をしていました。グルーピーが手に入らなければ、娼婦でも何でも手に入れてやったのです。

※

これを読むと、ジョンが何か知的な作業として話をしているように錯覚させられるのではないだろうか？　ビートルズのツアーは映画「サテリコン」を現実化させることに成功をしていたと彼は雄弁に語っているが、では映画「サテリコン」とはどんなストーリーの内容なのか？　その内容を知らない方々も多いかと思うので、ここで「世界映画史 上」（佐藤忠男著・第三文明社）を参考にして紹介する。

※

フェデリコ・フェリーニの代表作はバロックの世界である。バロックとはいびつな傾向性の奇想芸術のことで、グロテスクや悪趣味を積極的に取り入れて絢爛《けんらん》たる美と深淵を覗くような不安に満ちた世界を作り上げていくことだ。

その一つの記念碑的な作品として「サテリコン」をあげたいと思う。フェリーニ監督が、頽廃的な世相は古代ローマにもあったと考え、道徳も何もない大昔の人の頽廃ぶりを、空想力をうんと働かせてこの上もなく毒々しく描き上げた映画である。地獄絵巻とはこのことだ。

まだキリスト教の道徳が人々を支配する前なので、当時の支配階級の人々は欲望のままに生きている。学生のエンコルピオとアシルトも、思うがまま快楽をむさぼろうと旅に出る。

二人はジトンという女の子のような美しい少年と知り合って恋敵となる。ポンペイの女郎部屋で大地震に出合う。やっと逃れるが奴隷狩りに引っかかって鎖でつながれた軍船の漕ぎ手にされるが、エンコルピオが貴族の目に留まって花嫁（？）として寵愛されて助かる。同性愛がちっとも恥ずかしくない時代だったらしい。

ところが、その貴族は反乱軍に首を切られる。二人はさらに逃げて色情狂の貴婦人を慰めてみたり、新興宗教の生き神様の白子を金もうけのためにさらったり、突然に人々に取り囲まれて闘技場に突き出されて半殺しになったり、今度は群衆の嘲笑を浴びながら賞品として与えられた美女と公衆の面前で寝ることを命ぜられて性的不能になったり、次から次へと、セックスと暴力の悪夢のような世界を追い立てられるように放浪し続ける。

何しろ、万事見世物のように大げさに表現しなくては気がすまないフェリーニ監督のことである。どの場面をとっても、まったく猛烈で悪趣味極まりない。が、その漫画のような誇張された悪趣味の毒々しさの中に、これは昔の話ではありません、実は罪深い現代のわれわれの姿そのものであります、という懺悔があるわけだ。ベトナム戦争、交通事故、ゲバ学生、フリーセックス、核戦争の恐怖など、古代ローマの物語のふりをしているが地獄といえば現代だって地獄で、人々は悪夢の中に追われるように、快楽に我を忘れているじゃないか、というわけである。

言われてみたらそうだなとも思うが、本当だろうか、そんなにわれわれは快楽にばかり我を忘れているのだろうか、フェリーニさん、それは少し違うんじゃないかな、と言いたくなるところもある。

※

映画「サテリコン」の内容を私が知ったときに、私が思ったことは「これでは、さて離婚ですな」だ。ビートルズのツアーはサテリコンだったそうだ。ジョンは自分のことを「スケベエ野郎だぜ」と言っていた。本人は正直なつもりだろうが、それは並みのレベルではない。いささか狂人のレベルだと思える。

「世界映画史　上」の解説には「そんなに私たちは快楽ばかりを追求しているばかりで、我を忘れているのだろうか。フェリーニさん、それは少し違うんじゃないだろうかと言いたくなる」と書かれている。確かにそうであろう。しかしジョンに関しては「ビートルズ・ツアーはサテリコンだった」と話している。当時のビートルズの中心は彼である。ジョンがサテリコンツアーの企画、立案、先導、実行をしていたのではないか。ちょっと自慢気に回想をしているが、サテリコンの中心にいたのはミスタージョン・レノンだったのだ。

コメント。

「よくまあエイズにならなかったね。あっ！　１９６０年代はまだエイズウイルスは流されていなかったよね」。

3. 暴力！　暴力！　弱い者いじめ！

イ、正直に私は暴力的な人間だと語る

ジョン・レノンは自分のことを、すぐに暴力をふるってしまう人間だと証言をしている。そして「愛と平和」を唱える人間はみな暴力的な人間なんだと、訳の分からないことを主張している。そして彼の雄弁さの中には正直な告白と正直な嘘が多々ある。それが分かりやすいのは、彼のインタビューだろう。

ビートルズのアルバム『サージェント・ペパーズ・ロンリー・ハーツ・クラブ・バンド』に収録されている「ゲッティング・ベター」（ポールの主導曲）について、彼が語っている記事である。本当にジョンの「正直な告白と嘘」だ。（「ジョンとヨーコ　ラスト・インタビュー」より）

※

ジョン「ゲッティング・ベター」は、日記の形式で書いたものだ。「昔、僕は恋人にひどい仕打ちをした。殴ったり、彼女の愛するものから彼女を遠ざけてしまった」というのは

すべて僕のことだ。実際に僕は昔、恋人にひどい仕打ちをした。どんな女でも殴ったし、僕はすぐ殴るんだ。自分を表現できず、それで殴った。男とはケンカをして、女は殴った。だから、今はいつも平和のことを語ってるんだ。愛と平和を語る者というのは常に最も暴力的な人間だ。すべては逆さまだよ。でも、僕は心から愛と平和を信じている。僕は非暴力的であることを学び、自分の暴力を後悔している暴力的な人間だ。

※

彼は偽善者で、都合の良い言い方だけ作って会話をすることによって、反省を避けている。めちゃくちゃなことでも断定的に話をしている。「すべては逆さまだよ」と話し、「僕は心から愛と平和を信じている」というように同じく話すのだから……。

ジョンの作品で「絵本　ジョン・レノンセンス」（片岡義男、加藤直訳・晶文社）に収録されている小話「ランドルフのパーティ」では、またもや彼の個性が発揮されている。

※

「ランドルフのパーティ」

クリスマスの時期だというのに、ランドルフは、ひとりだった。すてきな友人たちはみんなどこにいるのだろう。アルフレッド、クライヴ、スタン、フランク、トム、ハリー、ジョージ、ハロルドたち。

今日、みんなはどこにいるのだろう。ほかのところに住んでいる父親からきたクリスマス・カードを、ランドルフは悲しそうに見た。ランドルフのところに届いた唯一のクリスマス・カードだった。

「自分のまわりに友人のひとりやふたり当然いてもよさそうなこの日にこんなふうにひとりぼっちでいるのが納得いかない」と、ランドルフは思った。とにかく彼はクリスマス・ツリーに飾りをつけていった。そしていきなり、ドアに楽しげなノックの音が聞こえた。いまこのドアにノックする人は、いったい誰だろう。彼はドアを開けてみた。そして、そこに立っていたのは、誰あろう、彼の友人たちだった。アルフレッド、クライヴ、スタン、フランク、トム、ハリー、ジョージ、ハロルドたちではないか。

「入ってきておくれ旧友たちよ親友たちよ。大きな微笑をうかべて、ランドルフはよろこんで友人たちを部屋のなかにむかえ入れた。冗談を言っては笑いあいながら部屋のなかに入ってきた友人たちは、「メリー・クリスマス、ランドルフ」と叫び、さらに心からなるあいさつをした。そして彼らは全員がランドルフにとびかかり、「これまでずっと、おまえが嫌いだったのだ。おまえのことを友人だと思ったことは一度だってなかったのだよ」と叫びつつ、たいへんな勢いでランドルフの頭を殴りつけていった。

　みんなは彼を殺してしまったのですが、とにかく彼は友人たちにかこまれて死んでいったわけですよ。昔からのつきあいである友のランドルフよ、メリー・クリスマス。

※

これは不気味だ。殺人をコミカルにできるほど恐ろしい人はいない。彼は「メリー・クリスマス」を殺人事件に添えている。ここでもイエス関係のことが頭から離れないようだ。

インタビューで「どうしてあなたの本の中では、次々と人が殺されるんですか？」と質問されて、こう答えている。

「話を終わらせるには、それが一番いいんだよ。たぶん無意識の中に潜んでいる残虐性の表れかな。僕の書くものはまさに『不思議の国のアリス』『クマのプーさん』そのものさ。そのころ僕は妄想に取りつかれていた。実際に起こっていることを自分なりに解釈をしたってことなんだよ。評論家が言っているように、よくあるふつうの批評文学なのさ」。

「不思議の国のアリス」や「クマのプーさん」とジョンの小話では、まったく世界観が違う。視力も悪いが認識力も低いようである。「『クマのプーさん』そのものさ」とは驚く。ジョンには「クマのプーさん」と自分の小話の違いが分かるようになっていただきたかった。違いが分かるのが知性なのだから。

ジョン本人も言っているように、ジョンには精神面には残虐性が根強く残っていて、そして罪の意識の欠如が特性だ。世間一般として彼の性格をそう認識することが普通の見解だと私は思っている。

ロ、ファブ・フォー、それでも多くの証言が残っています

ではジョンが実際に行ったことの証言などを集めたので、読んで彼の性格を認識してみてもらおう。

まずは、ジョンが学生時代に手作りしていた「デイリーハウル（雑音日報）」に書いて

いたような感じの詩を、彼が大人になって書いたものだ。

僕は六月《ジューン》が好き、君は？
僕はレノンの曲《チューン》が好き、君は？
灯りが暗《ロウ》くなった映画館《ショー》で
ユダヤ牧師をつかまえるなんて古い手だけど
僕は好き、君は？

ジョンの学生仲間だったヘレン・アンダーソンはこう言っている。

「彼はユダヤ人に対して胸に一物持っていて、ユダヤ人をからかうのが好きでした。ユダヤのことを歌にして、面白がられる機会がちょっとでもあると彼はやりました。でも、身体障害者や奇形の人に対する偏見ほど残酷ではありませんでしたね」

彼はティーンエージのころ、ユダヤへのからかいを多々やっているし、マネージャーのブライアン・エプスタインに対してさえも「ホモのユダヤ人」と言って、からかったりしていた。

ヘレン・アンダーソンは続ける。

「彼ほどの、人を人とも思わない人に出会ったことは、私にはありません。どんなに育ちの良い人間だろうが、学校にいるありとあらゆるキャラクターにいちゃもんをつけて、笑いの種にしようとしました。中に一人、ひどく育ちのいい赤毛のチリチリ頭の男子がいて、ジョンは彼のことをキザ男と呼んでからかい続けて、みんなの笑いものにしました。一度決めるとジョンはそう呼び続けます。何かにつけて、〝キザ男、キザ男〟と言うものですから、その真面目な学生は悩んでいました。それからデレクという名前のかわいそうな学生もいて、彼はみんなの前で堂々と鼻くそをほじる癖があって、自分では気がついていなかったのです。授業中にみんなが静まり返っているときに、急にジョンが大声で叫び出したのです。『きったねえ鼻くそほじりのデレク！』って。もちろんクラスは大爆笑でした。みんな腹をかかえて笑いましたわ」

彼は暴力性を強く持っていたが、それをスポーツで昇華させることを嫌っていた。体格に不利があったわけでもないのに。

ジョンの舎監であり化学の教師だった、エリック・オールドマンはこう語っている。

「扱いにくいのは扱いにくかったのですが、彼の中には何かがありました。ただの性悪さというのではなく、もっと精神（骨）があったのです。彼は順応性がなかっただけに、他の生徒よりもてこずりました。午後のサッカーの授業では、よく彼は抜け出していました。われわれがいくら探しても見つかりませんでした。規律に順応しないように腹をくっていたようですね」

確かにジョンは腹をくっていたようなところが感じられる。彼のスポーツ嫌いは、自分自身がスポーツをやらないという範囲を超えてしまっている。

「彼はいわゆる手のつけられない問題児ではなかったが、学校の懲罰記録によると、例えば教職員たちの軍隊時代のなごりである軍退隠語でいう、リタイ（無許可離隊）する、要するにさぼったりする程度の今から見るとささいな罪で、むちの懲罰を受けていることが分かる。また彼は対抗クリケットの試合中に運動場で賭けをやっている。これはスポーツを真面目に考えている学校では強烈な皮肉であった」

ジョンの舎監でもあり化学の先生でもあったエリック・オールドマンが語ったことを熟読してみよう。

「彼の中には何かがありました。ただの性悪というのではなく、もっと精神（骨）があったのです。腹をくくっていたようでした」

「彼の中には何かがあった」とは決して良いものではないはずだ。「何か」とは精神とかのエネルギーだろうか？　物体ではないのは明らかである。潜在意識の中にある性質だろうか。潜在意識の中にある何かとは「ただの性悪ではない」ということだ。正直に書いてしまえば、私が思索した結果、「ただの性悪を超えたルシファーと同質に近い性質」と推測している。

小学校の校長先生もジョンが自分勝手であることを以下のように述べている。

「どんな形のものであれ、彼は制約とか規律というものを嫌ったんです。ダブルデイル小学校にいた時分から、他人によって組織されるという考えを彼は一切持っていませんでした。彼は幼いころから、権威とか規律というものをバカにし始めていたんです」

ジョンは人生の中でスポーツを行って心身を鍛える経験がほとんどなかったのだろう。多くのジョン関連の書籍を読んできたが、スポーツで心身を鍛えたといったエピソードを1行も読んだことがない。そもそもルールを守るとか我慢するとか礼節を守ることの無意味さを自覚している人なのだから。

映画「ビートルズがやって来るヤァ！ヤァ！ヤァ！」の中でさびれたラグビー場を駆け回るシーンがあり、そこでは「位置についてヨーイ・ドン！」と短距離走のまね事をする。ドン！　の後にビートルズのメンバーたちはくるくる回り出したり、走ってもすぐ転んだり、ぴょんぴょん跳ねたりして、ふざけてバカにしているのである。

クオリーバンクの校長先生だったウィリアム・アーネスト・ボブジョイは、ジョンを思い出して「彼は、本当に弱い者いじめをしていました。ひどく残酷だったんです」と述べている。

ここまで読んでいただいたなら、ジョン・レノンの性質までは好きになってはいけないと理解できたと思う。彼は特に日本において今でも人気があるが、それはただの虚像にしがみついている哀れな行いであると知ってもらいたい。

弱い者いじめを芸術的なセンスを持って残酷に行っても罪の意識を持たない。そしてラブ&ピースを自分のフレーズにした詐欺師といってよいのだ。

続けて彼の蛮行が具体的に書いてある記事を紹介していく。

ジョンは弱者をからかう本能的な能力を育み、彼らを一切容赦しなかった。１９５０年代の初期、イギリスには医学的にみて適正な18歳以上の男子に対して国民徴兵の制度があったのだが、ジョンはこれを肉体的欠陥のある人をからかうために利用をした。

「ほう、どうせ軍隊逃れなんだろ」と彼は話しかけた。

彼はリバプールのファッショナブルな通りボールドストリートを車イスで引かれている人を「どうやって足をなくしたんだい！　女房を追いかけまわしてかい？」などと言ってからかったりしていた。彼はか弱き老女の背後に迫っていって耳もとで「ワッ！」と言って驚かしたりもした。

キャヴァーンクラブにて、障害者をあざけてポーズを決め込んでいるジョンの写真のスケッチ

ジョンの学生仲間セルマ・ピックルズの話では「足を引きずっていたり、体が不自由だったり、背骨が曲がった人だったり、とにかくどんな形であれ奇形の人をジョンは笑い、走って行って驚かしたりと、ひどい顔を見せました。もしもよぼよぼのお婆さんが、ジョンが叫んだためにもう少しで転びそうにでもなろうものなら、二人して笑ったものです。美術大学の学生仲間で映画へ行ったとき、ジョンは『足を引きずっているあいつらに

踊らせろ』と叫んで一同を怖がらせました」

ジョンはセルマに、描いたばかりの手足が奇形のグロテスクな子どもの絵をよく見せた。クオリーバンク高校では彼が回覧させていたおぞましいジョン手作りペーパー「デイリーハウル」が、グラマースクールの教師たちをチクチクと皮肉っていた。

「彼は非情でした。そういう人たちに対して一切の憐みや後ろめたさを持っていませんでした。ただ彼は、それが面白いと思っていたんです」とセルマ。

ジョンは楽な暮らしをしている奴に腹が立つと彼女にもらしたことがあるそうだ。

「彼にひかれたのは、私の中にもあるものを、彼が映し出していたからなんですけれど、私にはそれを口にする勇気がなかったんです」

ジョンは彼女のことをセルと呼んでいた。セルはジョンと映画館に行くうちに彼の近眼に気づくようになった。二人は午後になると大学をさぼってはロンドン・ロードのオデオン劇場やバレ・デラックス劇場へ行って、エルビス・プレスリーの「監獄ロック」や「闇に響く声」のような映画を見ていた。

「彼は絶対にお金を払いませんでした」とセルマは言う。「お金を一銭も持っていなかったのです」

さて、ジョン・レノンの暴力に関することだが、それは普通に暴力を使っていた。このことを知らない人々は多いかと思われるので紹介する。

１９６３年6月18日、何とポール・マッカートニーの21歳の誕生日に、大暴力事件を起こしている。ポールもせっかくの誕生会が荒れ狂ってしまい、さぞかしがっかりしたことだろう。

「ジョンは、その日のパーティーで酒を飲み過ぎるくらいに飲んだ。ディスク・ジョッキーのボブ・ウーラーが、ジョンがエプスタインと一緒にスペイン旅行へ行ったことについて何か口走った。すると、そのボブ・ウーラーをジョンは殴りに殴った。目のあざ、肋骨の打撲、そして手の甲の裂傷で入院するくらいの激しさでジョンは殴った。ブライアン・エプスタインがボブ・ウーラーを自動車で病院に運んだ」

パーティーは大混乱のうちに終わった。その時一緒に帰ったシンシアは「『あいつは俺をゲイ呼ばわりしたから蹴った。あいつのあばら骨をへこましてやったんだ』とジョンは言っていました」と述懐している。

ビリー・J・クレイマーもそのパーティーに出ており、ジョンがボブ・ウーラーを殴った後で、そばに立っていた女の子の体をつかんだのを覚えている。

「僕は『手を離せよ、ジョン』って言ったんだ。だけどジョンはその女の子も殴っちまった。彼は飲み過ぎだった。当時僕はセミプロだったんだけれども、僕が行こうとすると、彼はこんなことを言ってあおった。『お前は無だよ、クレイマー！　俺たちはトップなんだ』」

悪い酒が不安をあおったとき、ジョンの毒舌は最高潮に達した。

１９６３年にはもうビートルズは大成功をしている。酒を飲んでは殴り、女の子さえも殴り、「俺たちはトップでお前は無だ！」と叫ぶ。これがジョン・レノンの素顔なのだ。

ジョンが直ぐにカッとなって暴力をふるうのは本人の発言や多くの証言で事実と解っている。しかし、リバプールやハンブルグでは当時は常にケンカがあったので、ジョンがちょっと暴力をふるった程度では具体的な記事として残っておらず、事件性は低いとみなされている。

ただし、35歳のジョン・レノンは愛人だったメイ・パン（ジョンとヨーコの秘書）を殴ったこともあります。彼はこう自分のことを語っていましたよね。「どんな女でも殴ったし、僕は直ぐに殴るんだ。男とはケンカをし、女は殴った。（略）愛と平和を語る人間は常に最も暴力的な人間なんだ」

コメント。

「『愛と平和を語る人間は常に！最も！暴力的！な人間なんだ』ってのは、絶対に違うと思うのです」。

4. ドラッグ、LSD、コカイン、ヘロイン、スピード、グラス等々

イ、狂気の勘違い

暴力に関しては、周りの街や時代背景もあって事件性は低く扱われているのがジョンの伝記の傾向である。ところが、薬物に関しては多数記載されている。事件性はアメリカやイギリスでも高い。ジョン関連の書籍を読むと、たびたび薬物関係の話が出てくる。才能の豊かなアーティストがドラッグを使用していることは、注目度の高い話題なのだろう。彼はハンブルク時代から死ぬまでドラッグを使用していたはず。一時期は薬物から離れた季節があっても、鬱《うつ》っぽいときのコカインは、結局はやめたことがなかったはずだ。

１９６０年代や１９７０年代は、芸術家が薬物を使用してシュールレアリズムを体感し、新たな芸術を作り上げていったと説明されていたこともあった。特にアメリカとイギリスのロック界ではそうだった。当時、日本のロックシーンがアメリカやイギリスと比べて、オリジナリティーや創造性が欠けているのはドラッグ文化がないからと主張する意見もあった。ラジオ番組などでは、だから日本のアートは面白くないのだといった意見を言う人も

いました。そのようなことから薬物で捕まる有名人は、ロック系やフォーク系のミュージシャンが多いようだ。ジョン・レノンを中心とした勢力は大きかったのです。

数多くあるジョンの伝記のなかで大作といえば、レイ・コールマン著の「ジョン・レノン」、そしてニューヨーク時代に絞った伝記である、ジェフリー・ジュリアーノ著「ジョン・レノン」。この2冊があげられるだろう。ただし、薬物に関する内容に関して、2冊は違い過ぎている。同じジョンの伝記に思えない。まるでパラレル・ワールドのジョンをそれぞれ伝記にしたみたいだ。

ジェフリー・ジュリアーノはジョンを薬物漬けの中毒者として扱っている。レイ・コールマンのほうでも同じ年代のジョンの伝記（「ジョン・レノン㊦」）だけで400ページを超えている。しかし薬物に関してはほとんど触れていないのだ。他の事柄では多少の温度差があるものの、ドラッグに関して二つの大作の扱い方がまったく違っているのは興味深い。

ヨーコが常にジョンの代理人だったのはいつものことだ。ジェフリー・ジュリアーノは1983年にヨーコとショーンの住むダコタ・ハウスの室内にて、ヨーコとショーンと仲良く写真を撮っている。しかし、ジェフリー・ジュリアーノの伝記のほうがヨーコの介入は少ないのではないかと思われる。

ジョンはドラッグ中毒者であったのか？　私はジュリアーノの本の内容を鵜呑みにせず、ジョンへのインタビューや他の彼の伝記等と比べながら、真実の彼を認定していった。

ジョンがまだ生きているときに刊行されていて、彼がその本を読んで彼からクレームがなかった本を参考にした。例えば、アラン・ウィリアムズの本を彼は読んでいる。そしてジョンはアランの本を読み終えて、こうつぶやいています。「ビートルズを発見できなかった男」。アランの本の宣伝コピーが「ビートルズを発見した男」だったからだ。さらに彼は「アランの本の内容は信ぴょう性が高い」と述べている。

彼が正直に自分のことを公表しているドラッグ・ソングも、彼がドラッグ中毒者であったかどうかを調べる参考資料になる。多くの資料に目を通してきた。するとドラッグに関しては、ジェフリー・ジュリアーノの「ジョン・レノン」に軍配が上がる。ドラッグのことをレイ・コールマンはスルーしている。

ロ、ドラッグ資料は多過ぎる

ジョンは強度のドラッグ中毒者だ。そう認定して正しい。数多くある彼のドラッグの逸話から年代ごとに、その一部を紹介していく。

いちおう彼はドラッグをやめようと数回トライはしている。マハリシの瞑想を体験したり、薬物の禁断症状の苦しみを「コールド・ターキー（冷たい七面鳥）」として歌にした時期もあった。ヨーコとの子どもを授かるために一時期ドラッグをやめたりもした。だがいずれもただ「岩の上に蒔かれた種」であっただけだった。

それでは薬物に関していくつかピックアップしよう。

※

●1980年8月7日

アルバム『ダブル・ファンタジー』録音の長丁場のセッションで集中力を保つため、気分を高揚させるための選り抜きの刺激剤として、コカインが使われた。

ある晩、ジョンはフレッド・シーマン（ジョンの個人秘書）をリムジン乗せ、スタジオ・ミュージシャンがいつもひいきにしている密売人のところへ数百ドル相当のドラッグを買いにいかせた。夜じゅうぶっ通しでセッションができるようにと、フレッドは4グラムのコカインを持って帰ってきた。そして、どうやればこれが必要経費にできるかを考えているとジョンが言った。

「キャンディー代として計上すればいいのさ」。

●1979年秋

日が短くなり、秋の冷え込みがマンハッタンを襲うようになると、ジョンは再び憂鬱の暗い穴に落ち込んだ。歯のずきずきとした痛みを止めるため、あるいは倦怠感を払いのけるために、彼は驚くべき規則正しさでヘロインを打った。またトニー・サンチェスが出したロック界の暴露本「ローリング・ストーンズ　夜をぶっ飛ばせ」（中江昌彦訳・音楽之友社）にも目を通したが、そこにはレノン夫婦が完全に麻薬中毒者として描かれていた。

夫婦の双方が過去の悪癖に取りつかれたことで、二人が薬物と縁を切るのは、事実上困難になってしまった。ジョンは薬物依存から抜け出させてほしいと秘かに神に祈っていたのだが、そうした時でも誰かが質の高いコカインを持ってくると、二人は決まって誘惑に負けてしまうのだった。

●1978年

ジョンは、茶目っ気たっぷりに言い返した。「ヨーコから逃げてきたところさ！」

ジョンが元気になるのにそう時間はかからないと、デイヴィスは教えてくれた。二人はタクシーを拾って一番身近な密売人のところへ出かけ、ポリネシア産のヘロインを手に入れた。ジョンの泊まっているシェラトン・ホテルのスイートへと人目が付かないように無事に帰り着くと、粉を取り出し、後にデイヴィスが語ったところによると、スプーンに乗せてあぶったものを注射器で売った。ジョンは実に手慣れていたと、この友人は述べている。

「彼はやり方をきちんと心得ていた。止血帯もいらなかったくらいさ。ヘロインを打つのはビートルズのころからだって言ってたよ」。

●1977年8月

それからほんの数日後、ジョンはエルビス・プレスリーが死んだと聞かされた。

「40歳を過ぎてギラギラスーツを着て、ラスベガスで黄金時代の懐メロを歌うなんて実際には死んでいるのと変わらないさ。そういうふうになるのは願い下げだね。いいかい、エルビスは死んだんだ。他人の意見をまねて生きるなんてものすごく不健全だよ」

ジョンはこう述べて表立ってエルビスに共感をして見せることはなかった。だが、個人的にはその死を深く悲しみ、グレイスランドのプレスリーの墓標に白いくちなしの大きな花束を贈った。その後、数週間にわたってエルビスの死はジョンを落ち着かない不愉快な気持ちにさせた。その居心地の悪さにコカインへと手を伸ばしてしまったジョンは、たちまちこれまで以上に短気になってしまった。

●1976年前半

ビジネスという世界はジョンを戸惑わせ、またおびえもさせたが、妻にとっては出自を考えるとあつらえ向きの分野であった。抜け目ないヨーコはその商才を実りある形で開花させ始めた。ジョンがアップル社で望んだ「帝国を作り上げる」という野望を、彼女は彼なしで成し遂げたのである。

状況が難しくなるにつれて、ジョンはヘロインに手を出した。

●1975年2月

子どもじみた熱意のなせる業で、ジョンは2月18日に42歳を迎えるヨーコのため、手の込んだ誕生祝いを画策した。誕生日の前の晩、二人はヨーコの古い友人が主催したパーティーに出席した。その友人とは財産家で熱心な芸術支援者のペギー・ゲッハイムだった。

少々酔っぱらってしまった二人は、その後ヨーコのフェラチオによって誕生日を正式に祝った。年が明けてからの初めての行為としてジョンはうれしげに日記にしたためている。ヘロインを2、3服たしなんで眠りにつき、目が覚めるとサイケデリックドラッグ（マジックマッシュルーム）の朝食をとったジョンは、どうやらこの時点でも、まだドラッグ漬けの暮らしから足を洗う気になれないようだった。

●1974年11月

エルトン・ジョンとの共作曲「真夜中を突っ走れ」がナンバーワンヒットになった暁には、感謝祭のコンサートで仲間とともにステージに立つという賭けをしていたジョン・レノンが、その約束を果たすことになったのだ。

ジョンとヨーコの和解は自然な成り行きだという。後からマスコミがでっち上げた耳なじみの良いエピソードがある。しかしヨーコは前もってコンサートに行くつもりだとジョンに告げていた。コンサートの前日、ジョンはエルトンの部屋で行われたパーティーで、シャンパンとコカインでバカ騒ぎをした。

●1973年

ジョンはすぐさま馬が合う仲間とつるむようになった。

ビートルズの元ロード・マネージャーであるマル・エバンスは、ツキに見放された男で、情緒不安定なことにかけてはジョンといい勝負だった。ジャームス・エド・デイビスはカイオワ族出身の身体の大きなネーティブ・アメリカンで、ギタリストであり、ドラッグ乱用の際のパートナーでもあった。

ヨーコの言いなりになる暮らしから逃れたジョンは、ＬＳＤ・コカインといった麻薬の類を大いに活用した。

●1972年

ジョンが訴えられたのは、１９７２年開催の共和党大会の混乱を謀ったとみなされたのが主な理由であり、この点についてＦＢＩは次のようなメモを残している。

「調査対象は共和党全国委員会参加と兼ねて計画を催したが、マイアミには行かなかった」

そしてこうも、断言をしている。

「対象が新左翼で活動をしている証拠は何一つ見当たらない」

さらに、記録にはこう書いてある。

「ジョン・レノンは、急進派的な傾向があるように思われるが、純然たる革命支持者という印象はない。というのも、彼は常に麻薬の影響下にあるからだ」。

●１９７１年

この時期ジョンと過ごす時間の大部分がマリファナと飲酒、そして新たな同国人とパワー・トゥ・ザ・ピープルを与えんとする社会主義的な議論に費やされた。

ジェリー・ルービン（左翼主義活動家・新左翼文化人）はこの新しい友人が「自分よりも過激だ」と断言をしたが、この時期にみられたジョンの政治活動は、単に彼にとって最新の〝本日の主義主張〟にすぎなかった。事実、この元ビートルズは、自ら認めたように政治通ではなかった。彼は権威者をひどく恐れたし、混沌としがちな革命の火の中に自分の無抵抗主義という鉄を突っ込むほどの〝根性〟も持ち合わせてはいなかった。

●１９７０年

ポーリーン（ジョンの実父フレッドの再婚した妻）は次のように当時を振り返った。

「私たちが知っていた、2、3年前のジョンの姿はもうどこにもありませんでした。ジョンは断固とした決意で唇を引き結び、おばあちゃん眼鏡の奥で眉をひそめ、こちらをじっと見ていました。私たちは、彼が薬で、おそらくはヘロインで、かなりおかしくなっているらしいという印象を持ちました。当時、ジョンは本当につらいときはよくヘロインを吸引していると言っていましたから」

ジョンは即座に攻撃に出た。

「金をやるのはもうやめだ。あの家からも追い出してやる。俺の人生から消え失せろ。二度と首を突っ込むな！」

ショックを受けたフレッド（ジョンの実父）が言葉を返すよりも早く、息子は怒りを爆発させて非難を浴びせた。

「あんたのおかげで、俺がどんな気持ちで生きてきたか分かるか？　セラピーでは毎日、僕のお父さんはどこって叫んでいた。あんたに帰ってきてほしくって泣いていたんだ。何年も海に出たっきりで、あんたが何をしてくれたっていうんだよ。

俺を見てみろ！　俺は気が変になっているんだ、狂っているんだよ！　（ジミ・）ヘンドリックスや（ジャニス・）ジョプリンみたいに早死にする運命なんだ。それもあんたのせいさ。両親のどちらかを選べと言われるのが、子どもにとってどういうことか分かっているのか？　ショックで心がズタズタになるんだ」。

●ビートルズの後期（「回想するジョン・レノン　ジョン・レノンの告白」より）

ジョン　「シー・セッド・シー・セッド」ですか。

——ええ。

ジョン つまり、これは、悲しい歌だったのです。ＬＳＤふうな歌だ、と思います。「そして私がおさない少年だったころには」というような……幼年時代の初期のことが、たくさん入ってきていたのです。

——ＬＳＤは、どのくらいつづきましたか。

ジョン なん年も、つづきました。私は、一、〇〇〇回ほどはトリップしたでしょうね。

——文字どおり一、〇〇〇回ですか、それとも一〇〇回とか二〇〇回のことですか。

ジョン 非常になん度も、という意味です。いつもＬＳＤを食べるように飲んでいたことがありますから。

●ビートルズ中期（「明日への転調　レノン＆マッカートニー」より）

『サージェント・ペパーズ・ロンリー・ハーツ・クラブ・バンド』とＬＳＤを切り離して考えることはできない。ポールは公に認めなかったものの、ＬＳＤに手をつけていた。とはいえ、（ポールは）ジョンのようにむちゃくちゃな量は飲んでいなかった。直接にドラッグをテーマにした曲は2、3曲であろう。しかし、ここに使われたイメージ・言葉は、薬物から出た発想だ。

●ビートルズ初期（「回想するジョン・レノン　ジョン・レノンの告白」より）

——シングル「デイ・トリッパー」が出た時のことは覚えていますか?

ジョン これも、ある意味ではドラッグ・ソングです。『ビートルズがやって来るヤァ！

ヤァ！ヤァ！』のときは、私はピルをやっていました。ピルはドラッグです。マリファナよりも強い、ドラッグです。

彼は正直に告白している。

「アートスクール時代はものすごい酒飲みだったけれど、『ヘルプ』のころは完全にやめていた。グラス（マリファナ）に切り替えていたんだ。とにかくいつでも、この世界で生き残るにはドラッグしかなかった。ほかの連中だって同じことさ。ただ僕はやり過ぎたということで、クレイジーなんだ、標準以上に……」。

●ハンブルク時代

「連日にわたる長時間労働、これがビートルズにとって無縁だったクスリに手を出すことになった唯一の理由だ。ステージで飛んだり跳ねたりの大騒ぎと怠惰な生活の報いを受け、健康状態は悪化する一方だった。まぶたがくっつきたくなる程眠くて、まるでやる気のない晩に、トニー・シェリダンが救いの手を差し伸べてくれた。

『これでばっちり目が覚めるさ』トニーが差し出したのは、覚せい剤の一種でプレルディン（プレリーズ）という錠剤だった」。

※

このように彼はハイティーンからドラッグに浸った人生をやっている。

この強烈なドラッグの章の最後に、ジョン関連の本では、あまり登場していないローリング・ストーンズの最高のギタリスト、キース・リチャーズの生々しいジョンへの言葉を書籍「ジョン・レノンIN MY LIFE」(ケヴィン・ホウレット、マーク・ルイソン著・中江昌彦訳・NHK出版)から引用する。キースは以下のように証言している。

「ジョンはかなり長く、あれをやってたよ。その頃は俺のところにもよく遊びにきてたけど、いつも階段に吐き散らしてたね。でも俺はただの飲みすぎかと思ってたよ。どっちも『お前何やっているの?』なんてあらたまって聞かなかったからね。俺はずっとジョンはどんな麻薬よりも強い人間だと思っていたよ」

コメント。

「なんも言えねえ!!」。

第三章　ジョンの詞の中にあるサタニズム

1. アメリカでは親レノン派と反レノン派の戦いが始まっていた

イ、アイ・ミー・マインの曲が好きだ

ジョン・レノンは、ビートルズ時代に、相棒ポール・マッカートニーとともに、一人称の歌詞を三人称の歌詞へと意図的に加工して楽曲を発表し、その技術はレコード・セールスとして成功をさせた。人の耳にくどくなく届くので風景のように歌詞をイメージ化させるからだ。例えば「シー・ラヴズ・ユー」は作者の正直なイメージでは「アイ・ラヴ・ユー」で作ったとしても、ヒットをさせるために、「I」を「SHE」に変えるというように、三人称に歌詞を変えるというテクニックだ。

しかし、ジョンは特にビートルズ解散後からはこのようなビートルズ的テクニックを嫌った。ポールのアイデアだったからだろうか？　三人称の歌詞に作り換えることに対して、ジョンが軽蔑に近いことを話していたと私は記憶している。

そして、ビートルズとの区別化を図りたいせいか「僕は一人称の歌が好きだ」と述べ出している。実際にその後の彼の歌詞は圧倒的に〝アイ・ミー・マイン〟の曲が増えている。

それは自分の心をさらけ出す芸術となった。自分の精神をヌードにして人前で公表するような歌詞を作るようになった。彼の大ファンだった私は、ここに来て振り返るように彼の曲を聴き直した。改めて芸術家としての彼のパワーに圧倒される。しかも非常に個性的である。芸術としての魅力は激しさと深さのどちらもある。彼は人々を魅了しかねない稀《け》有《う》な芸術家だ。それが私には解る。

ロック歌手として〝ヌードピア宣言〟をしているかのごとくだ。彼の才能は詞となり芸術的ヌードとなり、彼の才能をファンたちは改めて知ることになる。彼の作詞の才能は、芸術的センスのある者から先に理解された。ジョンの芸術性を理解できる能力者から優遇されそうな社会の風さえも一時期はあったと思える。

彼のサウンド付きで歌声付きの彼の詞は、今もなお人々の心を揺さぶっている。たとえそれが悪い結果を生もうとも。あえてもう一度、たとえそれが悪い結果を生もうとも……。

注目するべきことは、彼の一人称の歌詞、そうヌードの歌詞は彼の精神や魂と彼の生活ぶりを推測する第一級の資料となることだ。それを冷静に行えば、彼の本質を確認することができる。

本章では、彼の詞をテーマごとにピックアップして解説する。それはまさしく裸のジョン・レノンである。曲調やメロディーやアレンジや彼の容姿や声質は無視して、詞の言語作用だけをつぶさに直視できたならば、ジョン・レノンの実態をみることができると考える。ジョンの有名な曲も紹介していく。あなたが聴いたことがある曲もピックアップしている。

ただし残念なことに、言論の自由、表現の自由、良心の自由の元に作られた本書ではあるが、著作権のイングリッシュの為（本書の題名は「悪魔のジョン・レノン」）彼の歌詞の使用は、はばまれてしまった。これはむしろ本書のリアリティの高さを示したことと思っている。

彼は魔法のような芸術的作法によって、人々の心や価値観を危険な方向性へ誘導することができる。認知するべきことは、真実の彼とは「カミソリのような鋭い歯を持った、嫌らしい目で私たちを冷笑している気味悪い巨大な騾馬《らば》」であるということを改めて探っていきたいと思う。それを知ろうじゃないか。

ＰＳ．ビートルズとジョン・レノンのファンの人へ、ロール・オーバー・ザ・ジョン・レノンをするために。

ロ、ゴールドマン本とヨーコ映画の戦い

ジョン・レノンの死後、年数がたってもジョン関連の本はアメリカを中心に発売され続けている。そしてそのような本の中で、最もえげつない内容の反レノン本は、かつてコロンビア大学で教授だったアルバート・ゴールドマン著の「ジョン・レノン伝説（上・下）」（仙名紀訳・朝日新聞社）であろう。

このゴールドマンの主張では、6年以上を費やしてジョン・レノンの友人、知人、親戚など1千2百人を超える人たちに取材をしたということだ（1千2百人の中には嘘つきもいただろうが）。このゴールドマンは、有名人の伝記を作っては出版してきた人間なのだが、その内容は有名人をボロカスに批判する暴露本が多い。

このゴールドマンによって暴かれたジョン・レノンとは、どのような者であるのか。それはジョンと社会との分析本「ジョン・レノン　その存在と死の意味」（フレッド・フォーゴ著・高見展訳・プロデュース・センター出版局）に分かりやすく解説されている。ここで、少し私が手を加えて紹介する。

「ジョン・レノンが再統合を遂げたという見方に真っ向から異議を唱えたゴールドマンは、ほとんどあらゆる面からジョン・レノンを批判している。おそらく1960年代世代にとって衝撃的だったのは、ジョンが1970年代に〝成長〟したという広く認められた考え方を誤りだとゴールドマンが暴こうとしたことだろう。

ゴールドマン本では、ジョン・レノンはまるで自覚のない人間だったと断定されている。さらに〝専業主婦時代〟に息子に愛情を注ぎ、フェミニズムを深く理解し、遺作となったアルバム『ダブル・ファンタジー』で、温かい家庭的な雰囲気を生み出したというイメージも、ゴールドマンは完全に否定している。

そうしたイメージは、実はジ﹅ョ﹅ン﹅と﹅ヨ﹅ー﹅コ﹅に﹅よ﹅っ﹅て﹅う﹅ま﹅く﹅仕﹅組﹅ま﹅れ﹅た﹅ま﹅や﹅か﹅し﹅だったというのだ。〝真実〟のジョン・レノンとは救いがたく薬物に依存していた人間だとゴールドマンは断じている。彼にとって薬が何にもまして大切だったのだ」。

私がオヨヨ！　と思ったのは「そうしたイメージはジョンとヨーコによってうまく仕組まれたまやかしだった」の箇所である。私も違う角度からだが、二人にはその可能性があると思っていたし、ジョンとヨーコはそれをやってのける能力と才能があることに気づいていたからだ。

この〝反レノン派〟ゴールドマン本に対抗する最大の〝親レノン派〟はオノ・ヨーコだ。ドキュメンタリー映画「イマジン　ジョン・レノン」は、100分以上に及ぶ劇場用映画として1988年に公開されている。

この映画では、ジョンの人生のキャリアのすべてが描かれている。ビートルズの他のメンバーが演奏をしていないジョンの弾き語り曲「リアル・ラヴ」、そして「ハウ？」「ジュリア」「ビー・バップ・ア・ルーラ」などがミュージック・ビデオと思えるような映像で、ジョン自身の肉声によって生涯を語られているので、ドキュメンタリー感は自然に見てとれる。そして、ヨーコ、ショーン、ジュリアンなどのインタビューも含まれていて、見ていて気持ちの良い映画だ。

私は、最初にこの映画をビデオで見たときは、「ヨーコからのジョンのファンへのプレゼント」と感じた。プライベート感が満載で、大きなミュージック・ビデオにも思えて、曲の紹介が中心題材になっていると思ってしまったのである。

しかし今は、ジョンの生活の一部分を切り取ったもので、全体像ではないという見解に至っている。さらにしかし、ショーンやジュリアンにジョンのイメージを上げるために嘘をつくようにとヨーコが無理やりにさせているとも思えない。さらにさらにしかし、そちらの方向性にヨーコが誘導できたのではないかという可能性も認める。彼らに多くを語らせておいて、都合のいいところをヨーコがピックアップした可能性も認める。

ハ、ニューズウィーク誌

※

映画「イマジン　ジョン・レノン」は、確かに「ジョン・レノン伝説」に対抗する公式なドキュメンタリーになった感がある。ゴールドマンがリサーチや執筆を行う間に、彼が著作のなかでジョン・レノンを批判していることが漏れ伝えられたとも考えられる。さらにオノ・ヨーコは実際のジョン・レノンのイメージには脆《もろ》い部分がかなりあることを承知していた。ゴールドマンがすっぱ抜こうとしている状況や関係者の発言、ジョン・レノンの行動などは、ゴールドマンの文脈を除けば事実としか言いようがないかもしれないという危惧があった。そこで、ジョン・レノン擁護派のなすべき仕事は二重のものとなった。ジョン・レノンの良い面を強調し、それと同時にゴールドマンの信用を失わせるのである。まず最初の仕事は、ドキュメンタリー映画と単行本のタイアップによる「イマジン　ジョン・レノン」によってやり遂げられた。

おそらく「イマジン　ジョン・レノン」の最も重大な使命は、ゴールドマンが描いた暗く異様なジョン・レノンの晩年というイメージを払拭《ふっしょく》することだったのだろう。つまり、崩壊しつつあったまやかしだらけの結婚生活とか、薬漬けになった、役立たずのジョン・レノンが子どもをおろそかにし、計算高く冷たい妻にいいようにあやつられていたとか、そういったイメージをぬぐい去らなければならなかったのだ。

映画「イマジン　ジョン・レノン」の最後のシーンで、ジョン・レノンは新しい息子ショーンだけでなく、最初の息子ジュリアンをも溺愛する、活気にあふれた父親として出てくる。一方のゴールドマンは、ジョン・レノンがジュリアンを一生冷酷に無視し続けたと批判しているのである。

※

その後も主にアメリカにおいて、ジョン・レノンの擁護者と誹謗者《ひぼうしゃ》の論争は続いていくが、この論争に首を突っ込んでいたニューズウィーク誌が、自らも論争に加わっていたものの、それらを切り捨てるように記事を偉そうに載せてしまっている。

それは「どちらも頭を冷やしてほしい。(略) 両者とも歴史をねじ曲げようとしている。真実は音楽の中にあるのだ。真実を知りたいのならば音楽を聴け」とのことだ。

コメントします。

「了解しました。それではここでジョン・レノンの音楽の〝詞〟を聴くことにする。彼の作品の歌詞に絞って、そう彼の〝詞〟に絞って真実を模索します。彼の真実が推測できるように努力します。ヨーコ派とゴールドマン派の主張のどちらが真実に近いのかを、彼の

〝詞〟を聴くことで証明していきます」
それでは、彼の潜在意識を調査するように、彼の歌詞を鑑賞しましょう。

2. 私が思うにこれらの彼の詩は「マルクス的偽善のルシファーの技術」だと……

イ、ゴッド（アルバム、「ジョン・レノン」。それはイルミナティ）

まず書きたいことはジョンの詩（詞）の才能のことだ。彼は読書家でもあったので、それなりに作詩の努力はしているが、努力だけならば他の人々も多くしている。彼の才能による詩（詞）は、人々をレノン・ワールドに引きずり込むエネルギーがある。それは鋭利な刃物のようでもあり、民族音楽の香水のようなものでもあるのだ。フランス料理のコースのように多種類の味も楽しめる。私は彼がいかに作詞の才能があるかが解るのである。

しかし、才能とは能力の一つのことであって、善でも悪でもない。科学力だって芸術の才能と同じく、実質上のパワーである。善でも悪でもない。核兵器も作れれば、ＩＳＯ１４００１を取得させることもできる。核兵器にしたって、国防に役立ち、人の命を守り戦争を防ぐことにも使える。しかし戦争屋が使ったら地上は地獄となる。同じような意味で彼の詩は才能にあふれている。

「ゴッド」は1970年12月に発表されたアルバム『ジョンの魂』の中心となっている曲だ。このコンセプト・アルバムの主題となる一曲で、彼の美しい声質、美しいメロディー、感情があふれ出る感じで、苦痛の中から悟りに至る過程のようなイメージングを聴者にさせるドラマチックな工夫がされている。サビの部分は後半にまとめられている。単純な叫びが繰り返されていて、これでもか、これでもか！　と脳にレノン教の釘が打ち込まれてしまう。

サウンド、彼の声質、メロディーの配列、アレンジの斬新さと素晴らしさは、彼の才能によるものだ。

しかしここではそれらのことは横に置いといて、〝詞〟のみに注目して分析することが大事だ。「ゴッド」の歌詞を著作権の問題でここでは掲載できないことが非常に残念だ。読者の方々にはCD付属の歌詞カードやインターネットなどを活用して、その歌詞を読んでもらいたい。とりあえず調べて読んでもらえるということで、話を進めていきます。

この恐ろしい意図がある「ゴッド」は、ジョンの詞だと思って読んでしまうと、その恐ろしい意図が解らないままになる。彼は男前でかっこよくて雄弁家でロックのカリスマだからだ。しかもラブ&ピースのサンドイッチマンだからだ。

文字の配列にも才能が発揮されているが、ここでは無視して、ただ言語の内容の意味だけ純粋に読もう。

郵 便 は が き

恐縮ですが切手を貼ってお出しください

160-0004

東京都新宿区
四谷4－28－20
(株) たま出版
ご愛読者カード係行

書　名				
お買上書店名	都道府県　市区郡　書店			
ふりがな お名前			大正 昭和 平成　年生　歳	
ふりがな ご住所	□□□-□□□□			性別 男・女
お電話番　号	（ブックサービスの際、必要）	Eメール		

お買い求めの動機
1. 書店店頭で見て　2. 小社の目録を見て　3. 人にすすめられて
4. 新聞広告、雑誌記事、書評を見て（新聞、雑誌名　）

上の質問に 1. と答えられた方の直接的な動機
1. タイトルにひかれた　2. 著者　3. 目次　4. カバーデザイン　5. 帯　6. その他

ご講読新聞　新聞	ご講読雑誌

たま出版の本をお買い求めいただきありがとうございます。

この愛読者カードは今後の小社出版の企画およびイベント等の資料として役立たせていただきます。

本書についてのご意見、ご感想をお聞かせ下さい。 ① 内容について ② カバー、タイトル、編集について
今後、出版する上でとりあげてほしいテーマを挙げて下さい。
最近読んでおもしろかった本をお聞かせ下さい。
小社の目録や新刊情報はhttp://www.tamabook.comに出ていますが、コンピュータを使っていないので目録を　希望する　いらない
お客様の研究成果やお考えを出版してみたいというお気持ちはありますか。 ある　ない　内容・テーマ（　）
「ある」場合、小社の担当者から出版のご案内が必要ですか。 希望する　希望しない

ご協力ありがとうございました。


〈ブックサービスのご案内〉

小社書籍の直接販売を料金着払いの宅急便サービスにて承っております。ご購入希望がございましたら下の欄に書名と冊数をお書きの上ご返送下さい。

ご注文書名	冊数	ご注文書名	冊数
	冊		冊
	冊		冊

最も解りやすい読み方をするには、この「ゴッド」の詞を作った人は、ユダかダイバダッタかコラかアカンだと思って読むことだ。するとジョンからあなたへの麻酔を除去して、ちゃんとこの詞の意図を読めるようになる。

私たちは知らず知らずのうちにジョンの悪魔的な才能により、麻薬にかかったような感じになる。もしくは花畑の香りでヘロインを一服した感じでこの詞を聴いてしまう。メロディーと一緒に彼の詞の世界へ迷い込んでしまう。そして、この詞の意味にまでにも共感してしまう。

よって、彼の才能の似非《えせ》香水をふき取ってシラフになって冷静かつ客観的に、もう一度この詞を読んでほしい。

この詞はまず、神の存在の完全否定から始まる。今まで私は多くのロックやフォークの詞を読んできたが、ここまではっきりと神や仏を完全否定するメッセージを強烈に出している詞がほかにあるかを知らない。

ジョンはいつも神やキリストに対して勇敢になって中傷をする。しかし、サタンやマフィアに対しての中傷はしない。勇敢と言えばヒトラーも切り裂きジャックも勇敢である。決して勇敢という感情が、それだけで良いというわけではない。

それではジョン・レノンの名曲「ゴッド」の内容を説明していくことにする。彼は「ゴッド」にて神の定義をはっきりと述べている。彼にとっての神の定義は「神というものは苦しみを図る概念」と断定をしている。これが「ゴッド」の最初に歌われる。しかも、この神とは何ぞや？　の彼の定義のメッセージは2回繰り返して歌われている。聴者は2回連続で聴かされることになるのだ。この歌の構成の仕方のことで、彼は本気で「神とは苦しみを図る概念なんだよ」と、彼のファンの人々に伝えたがっていることが解る。そこには神が存在しなければ苦しみも存在しないんだという彼のファンへのメッセージがあるわけだ。「概念」とは英語ではコンセプト。コンセプトとは、企画広告商品開発などの全体を貫く根本的な考え方や観点（旺文社・第十版・国語辞典）、要は彼にとっての神とは苦しみの原因ということで、彼は、アイアム・ザット・アイアムが嫌いなのだ。

必死になって彼は、神とは概念なんだ、コンセプトであると決めつけているが……。これは悪いトロールよりも悪魔的ではないだろうか？　このようなメッセージを全世界に発信できた人を、日本人や地球人のスターの中のスター、カリスマの貴公子のままにしておいてもいいのでしょうか。

音楽界でジョンほどの、神を否定する人を知らない。秘密結社の「イルミナティ」グランドマスターのアレクサンダー・ロマノフが、ジョンと同じ程度の徹底的な神の否定を書籍で主張している。彼はイルミナティの信念と同じことを主張しているのだ。それではジョン・レノンが「神こそが苦しみの原因」という感じでゴッドの完全否定を断言した後に続いてどのように歌っているのだろうか？

ジョンは次々と多くのカリスマに対して「信じない！」と叫び上げている。

彼が「信じない」（信じたくないというのが本音で、世界の人々も、特にビートルズ世代の人たちも信じないでくれ！）とスクリームした物事や人物を陳列します。

「アイ・チン」（中国人の易者でもあり哲学者でもある。その哲学の内容は知らないが、良いものの可能性は推測できる）

「魔法」「タロットカード」「聖書」「ヒトラー」「イエス・キリスト」「ケネディ」「ブッダ」

「マントラ」「ギータ」「ヨガ」「キングたち」「エルビス・プレスリー」「ボブ・ディラン」

「ビートルズ」。

「666 イルミナティの革命のためのテキスト」（アレクサンダー・ロマノフ著・キアラン山本訳・ヒカルランド）

　このようにジョン・レノンは釈迦もキリストもヒトラーも含めて、15ものカリスマに対して「信じない！」と叫び上げる。彼はその後たった一つのことだけを信じると、芸術的に歌い上げている。

　彼が悪魔的なテクニックとしてメッセージの効果を強めている方法は「豚に真珠」だ。イエス・キリストの言葉で「豚に真珠を与えるなかれ」とあるが、その意味は豚には真珠の価値が分からないので、豚は自ら排出した糞と真珠を一緒にしてしまって、こね回してしまう。真珠を汚し豚の糞と同じ価値にまで落とす。絶対にやってはいけないことをいっている。日本の教訓の「クソミソ」と同じことで、クソとミソをいっしょの壺にいれてかきまわすと、大事なミソの価値がクソと同じくなりさがる。いわゆる「クソミソ」のことである。

ジョン・レノンは「ゴッド」で「ヒトラーを信じない」と叫んだ同じ口で「イエスもブッダも信じない」と叫んでいる。要はヒトラーもマントラもエルビスもイエスもブッダも同じように扱っているわけで「糞も味噌も分けずに混ぜる」という「クソミソ」を行っていて、それは絶対に行うべきことではない「豚に真珠を与える」と同じことなのだ。

彼の歌を聴いた人々には、ただ「俺様であるジョンはイエスを信じないぞ！」と叫ぶだけよりも、ヒトラーや魔法やアイ・チンなども含めて「信じない」と叫ぶほうが、彼のメッセージを飲み込みやすくなるのである。

彼が「信じない！」と叫ぶそのスクリームの裏には「お前たちも信じるな！」という意図があることは否定できない。はっきり言ってしまうが、この人（ジョン）はサタンと同質ではないかと思う。

「エルビスもビートルズもキングたちも信じない」のは別に結構だが、「ギーターを信じない」というのは問題がある。ギーターとは「バガヴァッド・ギーター」のことで、インドのヒンズー教経典だ。インド文明のルーツで、仏教のルーツでもあり、ガンジー主義のルーツでもある。インド文明の根底には、こんなに素晴らしいものがある。和尚もラビもスルタンも神父も読むべき本だ。

ギーターには戦争を命かけて止める聖者の話もあるし、これを否定する人とは、一体レノンはマジでピースの人なのだろうか？　イエスや仏陀を否定するレノン君にも同じだ。愛を話したイエスや慈悲を問うた仏陀を否定していて、どこがラブの人なのだろうか！

では、味噌や真珠を否定したレノン君は何を奉呈するのか？　この「ゴッド」の内容からだと、「自分と妻を信じる」と言っている。

スターやカリスマの中で最後に勝ち残ったのはジョンとヨーコということになる。ケネディやボブ・ディランやビートルズやキングたち（天皇陛下も含まれるのだろうか）よりも自分たちのほうが上だ、優れていると主張していることになりかねない。

しかも「僕はセイウチだったけど、今はジョンなんだ」と、ジョン・レノンっぽくカッコつけている。そして、「親愛なる友よ、頑張ろう」とはリップサービスだろうが、この共感へと引き込むテクニックはすごい。

この「ゴッド」は神の完全否定から始まり、すべてを否定する。その中には良い事柄も多くある。ジョンとヨーコはイエスよりも上のポジションを狙うということなのだろうか？

私だったら糞と味噌はちゃんと分けて歌うし真珠は真珠箱の中で保管する。ヒトラーは信じないが、イエスや仏陀やギーターは信じる方向性で生きたいと歌う。聖書、マントラ、ヨガは学びの対象に入れるが、ケネディやタロットや魔法はどうだろうか。ビートルズは才能のあるミュージシャンの集まりでＢＧＭだ。だから、グッバイ、ジョン！

しかしですね、この「ゴッド」という曲は本当に恐ろしい。

ここまでしっかりと神もイエスもブッダもインド哲学も否定しきっている。私は今よりもかなり若い時に、この「ゴッド」の夢は終わったけれどディアフレンド、がんばろうよ、とのメッセージを聴いて、なぜだか涙ぐみそうになったことがある。この本を読んでいる人々の中にも、きっと似たような不思議な感性によって、自分の感情が動かされてしまった人がいるかと思う。

この「ゴッド」は、アルバム『ジョンの魂』に入っているのだが、英語でのアルバム名は、『John Lennon』とシンプル。「これがジョン・レノンだ」と公表しているコンセプトになっている。

なお、これがビートルズだというコンセプトのアルバム、一般的には通称のほうが定着している『ホワイト・アルバム』の正式名称は、ただの『THE BEATLES』。これはジョンのアイデアだった。

そしてアルバム『ジョンの魂』は、本当にジョンの魂を正直に反映している内容になっていると思う。彼もそれを自覚して作っている。見苦しいジョンの魂が分かるだろうか？

ロ、イマジン（悪魔の音色はドラッグよりも美しい。それはマルクス）

「『イマジン』はあちこちでビッグ・ヒットになっている」と当時のジョンは言った。

ジョンは「宗教、国家、因習、資本主義のことごとくに反旗を翻す歌だけれど、口当たりをよくしてあるから受け入れられるんだ。ようやく僕たちのとるべき手段が分かったよ。政治色の強いメッセージは、少しハチミツを絡めて出すといいんだ。これが僕らのやり方さ。ジェリー（・ルービン）やヨーコ、そしてほかの仲間たちと一緒に、若い人たちの無関心な態度を変えようとしているんだよ。アメリカに見られる無関心を、考え方を変えてやり、大丈夫だと言ってやらなきゃ。状況を変えることは可能なんだ。フラワー・パワーは失敗だったけど、すべてが終わりというわけじゃない。始まったばかりさ。革命は幕を切って落とされたところだ。大きな変化の始まりにすぎないんだ！」と話している。

「革命は幕を切って落とされたところだ！　大きな変化の始まりにしかすぎないんだ」と言っているこの人（ジョン）は、絶対に平和主義の人じゃない、シャレにならないと思う。

ではこちらの記事での彼のお言葉を読んでいただきたい。注目せざるを得ないことを彼は正直に話している。

「『イマジン』の歌自体もアルバムも『マザー』や『ゴッド』が最初にレコードになった時と変わっていない。だけど、最初のレコードは、世間の人々にとってあまりにリアルすぎて、誰も買ってくれなかった。つまり『イマジン』は、メッセージは同じなんだけど、砂糖をまぶして口当たりをよくしてあるんだ。だから僕はどうすればいいのかが分かったんだよ。政治的メッセージはハチミツをかけて、分からせるようにすればいいってことだ」

彼によると「イマジン」とは、あの「ゴッド」とコンセプトは同じだそうだ（「マザー」

と「イマジン」のコンセプトが同じには思えないが）。確かに「イマジン」はジョンの意図にハチミツをからめたり砂糖をまぶしたりして、口当たりならぬ、頭脳当たりや聴覚当たりを良くしているのだ。「イマジン」は「ゴッド」が進化をして変身をしたようです。まるでアニメ「ドラゴンボール」のフリーザの変身のごとくです。いかつさがなくなった「イマジン」は、世間への影響力が強く広くなっている。

「イマジン」の前奏のピアノの音色、あれをどう感じるだろうか。まるでイ〜波が打ち寄せているような感じだ。癒しと知性が感じられるピアノの音色であろう。そしてジョンの歌声は美声であり、悟性までも感じさせる。何となく奥の深い歌なんだと思わせてしまう影響力がある。本当に優しく訴えるように歌いきっている。

「イマジン」を直視するためには、ジョンが腐った豚のような容姿の人であると勘違いをすることも必要かと思う。そしてメロディーやアレンジや歌声は聴かず、ただ詞の単語だけを作業的に読むことが必要だ。

私は「『イマジン』の詞へのレクイエム」を作ってみた。

「渚にて繰り返す、いざないの波の音のように、彼のピアノは私たちを夢の中へと誘っていく。ゆっくりと魅力的な前奏から、どこか懐かしいエルビス・プレスリーの『ラブ・ミー・テンダー』のギターの音色がピアノに変わったかのごとく彼のコダマのように音色となる。まるで語りかけるような彼のボーカルは、無知な私たちを優しく悟らせるように、ゆったりと歌っている。しかも『イマジン』の表紙の彼は、仏眼とまではいかないが彗眼のまなざしになっている。その総合的な演出力には、改めて彼の芸術家としての才能の豊かさを再確認できる。彼は本当に能力の高い総合芸術家だ。能力だけはとてもある」。

それでは日本で最もポピュラーなジョンの代表作「イマジン」の歌詞を、パソコンなどを使って読んでみてください。

読者の方々は「イマジン」の歌詞を知っている、もしくはただいま何らかの手段で読んでいただいたものとして、彼の最大影響力である「イマジン」へのコメントをします。

「『イマジン』の最初にもってきているのは『天国も地獄も存在しないとイメージングしてごらんよ』との強烈なメッセージ。レノン君は、意図的にこのメッセージを最初にもってきていますよね。これは、とどのつまり結局は、神も仏も存在しないし、どんなに悪いことをしても地獄には落ちない、大丈夫、頑張れジョン！　という意味になる。

そして『みんなが今日のために生きていると思ってごらん』と続くのだが、これは天国も地獄もないという悪見思想を飲み込みやすくするマシュマロみたいなものだ」

極悪非道の人生をやっている人に「死後には地獄ってのはないよ」と伝えられたら、そりゃあ喜ぶに違いない。特にレノン教の信者ならそうだろう。しかし絶対に犯罪は増えそうだ。

次に「国なんかないとイメージングしてごらんよ」と歌っているが、もしも日本がなくなったら困るよ。イメージングにはパワーがあるんだよ。日本や他の国々がなくなるイメージングを推し進めないでくださいよ。レノン君は「イマジン」にて、国と宗教が殺し合いの原因であると聴者の人々に主張をしています。そして、国と宗教をなくせば「みんなが平和に生きていける」と静かな感動を微妙に見せながら理想を述べるかのように、歌っている。

「殺し合いのもとがなくなる」えっ？　国や宗教が殺し合いのもとなのか？　やっぱりジョン・レノンは秘密結社「イルミナティ」の手先だったのか!?　殺し合いがなくなればよいと思うのは、誰もが同感をするだろう。しかし、その同感から国や宗教をなくしてしまおうというイメージングへとつなげさせるそのテクニックには、ジョンの魂の質の汚さを感じるのだ。若い時に調子に乗って、本音の欲求を言ってしまった、「ビートルズはキリストよりも偉大だ」と宣言した時よりも、大人になってずる汚くなったのか。

レノン君、あなたは「イマジン」にて「僕は空想家かもしれない」と正直に歌った後、「でも一人ぼっちじゃない」として、「サムデイ！（佐野元春さん、よろしくでござんす）いつの日か君たちも僕の仲間になって」、と恍惚感に浸るがごとく、美声になって歌いきれていますよね。ジョンの仲間になるということは、天国も地獄もない、国と宗教こそが戦争の原因なんだという悪見思想を受け入れるということでしょうよ。そして曲の最後には「いつの日か世界が一つになればいいと思う」とまとめるように歌い上げているけれど、これって催眠術的でもあり魔術的でもあるパワーを感じてしまうよ。

ジョン君、きみはグロッティだ。

私たちがジョンの仲間になったら、世界が破滅してしまうかもしれない。

「欲張りや飢える必要もない。全世界をみんなで分かち合っている。人間は皆兄弟」ともイメージさせるように歌っている。

素晴らしいと思う。しかし、これは強力な甘い蜜だ。こうやって毒薬を偽善でくるんで、人々の心の中へ受け入れさせて飲み込ませている。

この「イマジン」の歌詞をユートピア論として、そのまま鵜呑みにしてしまった人が日本には何人もいる。ジョンの「イマジン」の影響力はすさまじく、「イマジン」の世界こそがユートピアだと信じていて、良い人ぶる知識人や芸術家や芸能人は多数いた。

『イマジン』のアルバム・ジャケットにも、意味深いように思わせる悪影響がある。悟った顔のように演出されているジョンの顔は、もうビートルズ初期のミーハーな感じは一切なく、深遠な世界を体現しているかのごとくに、見たほうの人々が勝手に連想をしてしまうようなパワーがある。

「『イマジン』は『ゴッド』とメッセージは同じだけれども、砂糖をまぶして口当たりをよくしている」こうジョンは語っているが、そのレベルは狡猾《こうかつ》になっている。京都の懐石料理の渋みまで演出できているようである。レノン先生、こりゃあ大した才能だよ。

芸術的パワーの工夫によって意図的にジョン・レノンは悟っているかもしれないと、大衆にイメージを植え付けている。才能自体は良いものでも悪いものでもなく、ただ単にパワーなので、良い結果への誘いも悪い結果への誘いのどちらもできる。

結局ですね、私がここでジョンのファンの方々に何を伝えたいかというと、かなり遠慮した言い方ではありますが、「イマジン」はかなり眉唾物だよということなんです。

ちなみに、このアルバム・ジャケットに写っている雲だが、都市伝説がヨーコによって作られている。それは「この写真の雲はレノン氏が霊能力で念写したものだ」とか「ヨーコによる念写だ」といったことだ。私はハッキリ言ってこれは嘘だと思っています。

ジョンをキリストのように見せるプロジェクトは実際にやっていたわけで、この念写の作り話の出所はヨーコさんだが、実際のところ、どちらが考えた作戦かは分からない。

ハ、ジョンとヨーコのバラード（二人の新婚旅行ソング）

1969年5月に発表されたシングル「ジョンとヨーコのバラード」を見てみよう。「ジョンとヨーコのバラード」（著者権の問題で歌詞を記載することができません）には何度も何度も「Christ」という言葉が使われている。日本では、「この調子だと僕は十字架にかけられかねない」というふうに説明されていることが多い。

この曲はジョンがヨーコとの結婚式やその前後の出来事を物語った作品だ。曲中には1969年にジブラルタルで結婚式を上げるまでのいきさつ、3月25日から31日までアムステルダムで行った「平和のためのベッド・イン」、3月31日にウィーンで白い袋をかぶり、偏見のないコミュニケーションを訴えた「バッグ・イン」、同じころ世界各国の指導者50人にドングリの実を贈った平和のための「どんぐりイベント」などが歌われている。ジャーナリズムふうのフォークソングだからバラッド（物語詩）なのだとジョンは言っている。

そして区切りごとに前述の「十字架にかけられかねない」を歌っていて、同曲の中で5回も聴かされることになる。その「ジョンとヨーコのバラード」の作詞作曲者へコメントをします。

「レノン君、あなたがイエスのようになりたいと思っていても、価値観がイエスとは逆なのでイエスのようにはなれないのだ。なぜなら、あなたはジェラスガイで超自己中だからだ。イエスのことが気になってしょうがなくて、自分と対比させたいのはもう分かった。でもそれはやめたほうがいいと思う。ダイバダッタになりかねない魂の性質があるようだから」。

二、ロック・アンド・ロール・ピープル（ロックンロールの神はジョン？）

1986年発表のアルバム『メンローヴ・アヴェニュー』に収録。

メロディーのテンポや歌い方は快活そのもので、いわゆる元気ソング。ハンブルク時代を想起させる〝ヤンチャな〟ロックだ。

この曲でジョンは「ロックンロールピープルには良いニュースが訪れるに決まっている」と3回も繰り返して歌い、ロックンロールピープルのことを最大限に褒め上げている。「僕たちは全員21歳だったんだぜ」と歌い、彼の21歳でのハンブルク時代の生き方こそがロックンロールピープルだと臭わせている。

このロックでも「聖母マリアを引き合いに出さなくてもいい」ということを歌っている。

その理由は、「君ははじめから祝福されているから」だそうだ。祝福という宗教的なイメージの言語であるが、いったい誰からの祝福を授かっているのだろうか？　もちろんジョン自体がロックンロールピープルでして、その中心的な人物です。この歌詞での「君」に彼も十分含まれるわけです。聖母をチャカしハンブルク時代を賛美するジョンはいったい誰から祝福を得ていたのだろうか？　しかしなんでわざわざ、「聖母マリアを引き合いに出さなくてよい」と、逆に聖母マリアを引き合いに出してしまうのだろうか？　ひがみ根性丸出しだ。残念に思う。

彼はビートルズ後にはインタビューだけではなく、歌詞でもイエス関係のことを引き合いに出す。ジョンは歌詞やインタビューでしつこくイエスなどを中傷しているが、彼はサタンのことを中傷したことは1度もない。

ローリング・ストーンズのボーカルのミック・ジャガーは「悪魔を憐れむ歌」という曲を作っていて、その内容はルシファー大魔王がキリストやケネディがかかわった出来事に自分が関与したことを独白していくというもの。サタンが多くの人間の魂と信頼を奪ってきたと告白している。悪魔に対して上から目線で見下していて、悪魔をバカにしている感じのロックを作っている。しかしジョンはミックの逆で、イエスなどをバカにして喜び波長での元気ソングなんかをやっている。

楽しく聖母を拒絶する歌詞をわざわざ作るとは、真面目になって考えればかなり〝ヤバイ奴〟だと思える。ジョンの潜在意識には何かが住んでいるのだろう、何かが……。

私から言わせてもらえば、彼はあの世のことを頭脳に入れたリスクマネージメント能力が全くない。それが故障している人材だ。ミック・ジャガーには、それがある。

ホ、クリップルド・インサイド（糞も味噌もまぜてから食べさせる）

１９７１年9月に発表されたアルバム『イマジン』に収録されている。ミディアムテンポの傑作。歌詞も面白い。やっぱり才能ある人と思える。

書籍「ジョン・レノン全仕事」（ザ・ビートルズ・クラブ編著・斎藤早苗監修・プロデュース・センター出版局）では、世の中の偽善を鋭く批判したナンバーということになっている。アレンジもなかなか素敵といえる。ニッキー・ホプキンスのラグタイム風のピアノに、ジョージ・ハリスンのドブロ・ギターによるスライドは躍動感がある。そのサウンドに自虐的な歌詞が彼の明るい声のボーカルで弾み、イメージの矛盾の複合がこの曲の奥深さを感じさせ、大人の人間らしさが演出できている。

この曲には「何々をすることができる」という文句が繰り返されており、その内容は聴者にも納得のいく事柄である。例えば自分で身なりを整えたり、自分で自分を集団の一員とみなしたり、作り笑顔で人と接することなどである。しかし、彼が自分以外のカリスマを中傷する時のテクニックは「クソミソ」だ。この曲においても同じ手法を取っている。

彼は、三つのことができると一つのパッケージに入れるといった工作をしている。「教会へ行き賛美歌を歌う」「肌の色で僕を判断する」「死ぬまで嘘の一生を送る」といったことを同席させて歌い上げてこの曲は終わっていく。

コメントします。

「しかし、何で前述の三つのことを同列で扱う詞の構成にするのだろうか？　いつもの『豚に真珠』のパターンである。確かにジョン・レノン自体がクソにミソの人生であった。

この曲は、世の中の偽善を鋭く批判したナンバーであると、権威のある書籍で述べられてはいるが、私はジョン・レノンのほうが偽善者だと思っている」。

へ、ヤー・ブルース（ユダヤ人は何と聞く）

1968年11月発表のビートルズの『ホワイト・アルバム』に収録。

「ヤー・ブルース」のジョンの歌い方はアップテンポではないが、シャウトしている。このようなロックばかりでは困るが、このようなロックがあってもいいと思う。

しかし、彼は当時のイギリスのブルースブームを皮肉って作ったということであるが、なぜ曲名が「ヤー・ブルース」なのだろうか？　スペルはYERであるが、一般的には「ヤー」といえば「ゴッド」のことで、すなわちそれは神様ではなく、天使たちでもなく、創造主のことだ。

特に、唯一絶対神のことを「ヤー」と呼ぶことはユダヤ教では珍しいことではない。このような言葉遊び的な歌詞への加工は、ティーンエージの頃から彼は行っていた。

ではその「ヤー・ブルース」はどんな内容で占められているのだろうか？　この歌はほ

とんどがジョンの率直な感情表現の単語で作られ構成されている。「俺は寂しい」とか、「死にたい」や「自殺したい」、「ロックンロールだってうんざり」とか「黒雲が俺の心をよぎる」、「青い霧が俺の魂を包み込む」といった内容の悲観的な感情表出である。曲の中では「死にたい」という言葉が8回も使われている。「寂しい」も4回も使われている。ジョンが「ヤー」に向かってブルース調に感情的になって叫んでいるようだ。

ビートルズ後期での発表ではあるが、ジョンがインド滞在中に書いた曲で、リードボーカルもジョン。ジョンによると、この曲は「神に向かって近づこうとして自殺しかねない気分を歌った」ものだという。よって、「ヤー」とは、アッラーやヤーウェのことと断定をして正しいのだ。ということは、彼は何とふざけたことに神に近づこうとしていたわけである。私は、ジョンが神に近づこうとしている生活態度などの総合的な生き方や性的行為や精神姿勢をしているとは全く思えないのですが、皆様はどう思われますか？

コメントします。

「彼は、『ヤー』の存在によって、このように〝死にたい〟とかの感情を持つのだろう。『ヤー』はサテリコンを作り上げた人で、それを恥と思えない人を好きではないでしょう。それにしてもこの歌をユダヤ教徒は、どう思うのだろうか？」。

ト、兵隊にはなりたくない（アメリカと日本は違います）

アルバム『イマジン』に収録。

私は個人的にこの曲のサウンドの作り方が好きだ。ジョンのボーカルのイヤミったらしい歌い方も、いい感じで耳に入ってくる。いきなり感のあるイントロの出足は、〝つかみはＯＫ〟だ。アルバムの中のメジャーな曲を盛り上げるための役にも最適である。シングルカットの曲をただ詰め込んだベスト・アルバムよりも、オリジナル・アルバムの稀有さには必要な曲といえる。

社会一般的には、この歌は「反戦歌」ということになっている。社会の体制に怒りをぶつけた内容ということらしい。

歌詞のすべてが母親に向かって自己主張をしている。これは幼児が母親へ「オギャー、オギャー」と泣いて訴えている感があるように聴者にイメージングをさせている。彼の本気さや正直さが伝わってくる。

プライマル・スクリーム療法を経て作られたアルバム『イマジン』のＬＰレコード盤では、Ａ面の最終のメッセージソングとなる。いきなり「兵隊にはなりたくない」と曲の題名が歌われ出していて、メッセージが強く押し出されている。「嘘をつきたくないから弁護士になりたくない」と、１＋１＋１＝３みたいに、カッコいいことも歌われている。

コメントします。

「なぜかまたまた『牧師になりたくないよ』とキリスト教関係の単語を使い出してマミーに泣きついている。ジョンが牧師になっていいはずがない！　ふざけるのもたいがいにしろと言いたいくらいである。

そして『兵隊』『船乗り』『負け犬』と、なりたくないもので同じケースに入れてパッケージするかのごとく同列にさせている。こちらもいい加減にしてほしいものだ。

それに兵隊になりたくないのなら、ならなければいいわけで、ベトナム戦争の時代においてアメリカ限定ということであれば、バッドではないかもしれない。しかしこと日本においては〝ヤバイ〟のである。

日本の滅亡でも狙っているのだろうか？

このジョンの歌を受け入れてしまう国民性であれば、中国に尖閣諸島は占領され、沖縄までも取られてしまうであろう。この曲は戦争を呼ぶロックであって〝呼戦歌〟だ。

そもそも自衛隊に入隊する人がいなくなったら日本国と日本人が消滅しかねない。この歌は〝反戦歌〟ではない。特に日本においては、戦争を呼び込んでしまう歌で〝呼戦歌〟である。こと日本の自衛隊に対しては、こんな卑劣なロックはありえない。

ジョン・レノンの似非平和主義は、日本においては国益を損ない、日本人が拉致され、また外国から経済的に侵食されている原因の一つになっている。このことに関しては、彼だけが悪いというわけではないが……」。

3. 良きも悪しきも正直者のジョンの詞

イ、マザー（プライマル・スクリーム療法の結果の始まり）

1970年発売、アルバム『ジョンの魂』の1曲目に収録されている。

〝ジョンの実質的ファースト・アルバムで、ジョンの「最高傑作」にして「最重要作品」と評されることが多い。プロデュースはジョンとヨーコ〟。

以上がジョン・レノンの百科事典として名高い書籍の「ジョン・レノン全仕事」での『ジョンの魂』の説明の最初のくだりだ。オリジナル・アルバムでは11曲目の「母の死（My Mummy's Dead)」が締めくくりの曲になっている。このアルバムは「ジョンの母親への強い気持ちや苦悩、そして大人になって先を歩み出し、母から卒業する」というのがコンセプトであろうと聴者が感じ取り、そう捉えるようにプロデュースされている。

ただし、この『ジョンの魂』には「ゴッド」という、この地球を死に追いやる〝毒入りリンゴ〟が包み込まれている。この「マザー」の歌詞は、繊細さを気取った若手の先鋭的な才能の秀でた一方で、傷つきやすい芸術家風がたまに作るような詞でもあるといえる。

尾崎豊や中原中也の感性にも似ている。文学ではヘルマン・ヘッセの「車輪の下」や、いやらしいことにサリンジャーの「ライ麦畑でつかまえて」にも近い感性を彼が持っていることが解る。

この「マザー」の歌詞はシンプルであり正直であり、何も社会的に悪いことは記載されていない。この曲に関しては歌詞の単語のみに集中して読むことよりも、楽曲として聴くことをお勧めする。

「おかあちゃ〜ん、行かないで。おとうちゃ〜ん、戻ってきて」とスクリームして歌うジョン・レノン。静かだがロックであるこの「マザー」自体にコメントします。

「まさしく『フロイトは性悪説者であり、表では狂人や精神病の人の治療を精神科医として行い、裏ではカバラなどでサタンの研究をしていた人である』。その学派から派生したプライマル・スクリーム療法のとおりにスクリームをしている」

大の大人が、この歌のように「おかあちゃ〜ん」「おとうちゃ〜ん」と叫ぶジョンを、私たちは正直者だと言って褒めた。正直な芸術になっている。イノセントマンだと言っていた。成功者で、大金持ちになったロング・トール・ジョンが、プライドを捨てて、カッコ悪いかもしれないことも堂々と歌っている。それがすごいと。

富や名声よりも、母や父を求めるジョンの姿勢は、人間ジョン・レノンの生き方のメッセージのようである。それが芸術にまで昇華されている。

そしてイノセント・ジョンはさらに歌い上げる。「子どもたちよ、僕のやったことを繰り返してはいけないよ。僕は満足に歩くことさえできないのに、無理に走ろうとしたのさ。あばよ、さようなら」

「歩けないのに走ろうとした」とは具体的に何のことなのだろうか？　①イエスをバカにできるほどの人格や人生ではないのにバカにし続けてきたこと？　②ラブ＆ピースの作り方が間違っているのに、一方的なユートピア論で保守派を潰してきた？　③ベトナム戦争反対のヒッピー文化はドラッグとフリーセックスだったが、ジョンの人生の写しそのものだったことか？

彼が「マザー」の詞を書いたってことは、彼は似非の平和主義を世間に広げていたという自覚があったのだろうか。今となっては、ジョンにインタビューはできないけれど。

私は再び「マザー」を聴いた。ドラムになかなかの味があり、落ち着き感のあるベースも良い。だいたいボーカルがすごい。ちょうどいい加減でスクリームしている。

ロ、ミート・シティ（落ちた不良のヒーローダンディズム）

１９７３年の11月発表のアルバム『マインド・ゲームス（ヌートピア宣言）』に収録。

前述したように敏腕マネージャーのブライアン・エプスタインとジョンは同性愛の関係だという噂があったが、ジョン達はその都度その噂を払拭しようとしていることが圧倒的に多い。彼にはビートルズ時代には男の中の男というイメージがあり、ジョンが男色というのは、彼の信仰者にとっては都合が悪かったからだ。

アメリカでは次のような記事が出た。

「ジョンは男色行為をしていたというゴールドマンの告発に、多くのジョン・レノン擁護者はうろたえた。彼らがうろたえた理由を考察するというニューズウィーク誌の着眼点は鋭いというしかない。つまり『ジョン・レノン擁護者派が、そもそも悪いと考えていないことをジョン・レノンはしていただけなのに』どうしてそれが問題になるのか？　問題なのは、それによってジョン・レノンが裏表のある人間になってしまうからだとニューズウィーク誌は論じている。そして『ジョン・レノンの誠実さは揺るがないという信仰が、ジョン・レノン親派たちにとって大切な心情の一つ』だからこそ、それが厄介な問題になるのだという」

では誠実者ジョンの「ミート・シティ」はどのような曲なのだろうか。「イマジン」や「マザー」風の曲ではなく、「カム・トゥゲザー」や「ニューヨーク・シティ」風の彼のロックの楽曲だ。歌詞においても同じくそのノリで作られている。

書籍「ジョン・レノン・ソングス」（ポール・デュ・ノイヤー著・田村亜紀訳・シンコーミュージック）にはこう書かれている。

「この曲（「ミート・シティ」）のタイトルは、おそらくジョンの当時の人気アニメーションのポスターから思いついたのだろう。一匹の母豚と子豚たちが楽しげにおしゃべりをしている間に、彼らを乗せたトラックは最終目的地の〝ミート・シティ〟へ向かっているという構図である。豚というテーマは“pig,meat,city”」

コメントします。

「(笑) ジョン・レノンってすごいですね」。

ちなみに、このミート・シティとはジョン・レノン関係の本によると、彼が暮らしていたニューヨーク市のことらしい。

この「ミート・シティ」の注目点は、「フライドチキンをつまんで、その指をなめる」のところ。イギリスやアメリカの俗語で、この場合は「エロ語」とでもいうべきか、「フライドチキン」とはポコチンの意味である。

こんな話を聞いたことがある。

「昔、ふざけたロックンローラーが、酔っ払って全裸で両手に花(すなわち左右にセクシー美女)を連れて、そいつのバンドのメンバーが主催していたパーティー会場にやってきては『好きな物はフライドチキンと豆〜!』って叫びながら入ってきたのよ。それでね、バンドのメンバーの人が『恥ずかしいから、帰れ!』って怒鳴ってしまった」。好きな物はフライドチキンと豆ですか、ふむふむ。

ミート・シティでは、「その指をなめる」であり、フライドチキンの指をなめるということになる。

ビートルズのアメリカでの出世作品である「抱きしめたい」だが、英語原題では「I Want To Hold Your Hand」で、「君の手を抱きしめたい」である。「抱きしめたい」を発表した1963年11月のアメリカでは、はっきりと「抱きしめたい」と公的に曲名で使うとヒットしづらくなると思われたので、「手を抱きしめる」というしゃれた言語を使用したのだ。「抱きしめたい」の曲の命名は彼によるもの。ということは「フライドチキンをつまんで、その指をなめる」という表現方法での言葉使いの本当の意味は何だろうか。彼のファンであった私はもうこれ以上説明をしたくない。

でも彼はバイセクシャルではないと思う。性の方向性は確実に雄であると思うのだ。彼は男性である。

しかし、性のモラルが乱れまくっていて、セックスをいつでもどこでも遊びで使いまくれることを良しとし、それが当たり前の感覚の人だ。かなりのイージーライダーであったと思われる。何といっても「サテリコン」の主催者なのだから。性のモラルを彼に期待してはいけないのだ。こんな人が日本の大衆文化の中で、今でもカリスマだ。

彼の性別は雄である、ただし彼の下半身にはモラルはなく乱れまくっており、邪淫地獄に浸っていた。そういう男なんですよ、彼は。

ハ、SCARED（怖いよ）「心のしとねは何処」（ザ！　正直だ）

１９７４年に発表されたアルバム『心の壁、愛の橋』に収録。

この曲は何やら暗示的なオオカミの遠吠えで静かに幕を開ける。不気味なマーチングビートによってバックのサウンドが統率され、まるで絞首刑台へと追い立てられている囚人のようだ。

歌詞は徹底的に鬱《うつ》そのものである。ここまで鬱に徹した歌詞を他に知らないので、ある意味ではジョン・レノンへの興味がそそられる。この楽曲「ＳＣＡＲＥＤ」は「怖い」を数回歌うことから始まっている。そして「疲れた」を数回歌って終わっていくのだ。

注目すべきは、この最悪の状況から救われる方法として、「鐘、聖書、キャンドルによる破門」があるとしておいて、しかしそれさえも、この最悪の状況から救ってもらえることにはならないと歌っていることだ。

「鐘、聖書、キャンドルによる破門」……これはカトリックでの破門の儀式で使われる道具だ。その内容の意味はかなり辛辣である。カトリック教会から破門してもらえるという、超うれしいことがあっても、まだまだ怖いままだという意味だ。

どうしてこんな言い方をしていないと彼は気がすまないのだろうか。イエスやキリスト教のことは無視!!　したらいいのにと私は思う。

そして終盤に「憎しみと嫉妬が致命傷となる」との内容がある。本当に正直そのものであろう。彼ははじめから自覚をしていたのか。この「嫉妬」（ジェラシー）という言語は、私がジョンの魂を分析する「鍵」となっていく。

さらに同じく終盤に「愛と平和を声高らかに歌って、真っ赤な生肉を見ないように」との内容もある。

コメントします。

「正直過ぎるよ、ジョン・レノン！」。

二、インスタント・カーマ（カーマはカルマ）

１９７０年2月、シングルにて発表。歌い出しは予言者めいていて「瞬間のカルマが捉えて脳を一撃するだろう。気持ちを集中しなさい。死はすぐにやってくる」といった内容だ。

メロディーだけで聴くとパワーあふれる活気ソングのロックだ。ジョンらしくシャウトしていて、ポールのようなきれいなロックではないが、ジョンのフリークでこの曲を嫌っている人はいないだろう。

ただし、歌詞は支離滅裂。ジョンが支離滅裂な歌詞を作るとファンは面白いと思ってしまう。良きも悪しきも正直者の彼の詞において、この「インスタント・カーマ」には「僕みたいなバカは笑いとばしてくれ」という内容になっている。ジョンに限っては、自分で自分のことをルーザー（負け犬）と言ったりバカと言ったりしても、ファンはジョンのことをそのように思わなかった。むしろそのようなことを歌にしてしまう、成り上がりヒーロー・ジョンへの興味が増してしまっていたのだ。

しかし今から思えば、彼が自分のことを「バカ」とか「ジェラスガイ」と歌ったことは真実であった。確かに彼は馬鹿もバカ、大馬鹿者であるからだ。そのことにまだ大衆は気づいていないだけだ。なお、今の私はジョンをバカにできるようになりました。

ホ、カム・トゥゲザー（彼と私は全く違う。いっしょには行けません）

「カム・トゥゲザー」は、1969年10月に発表され、ビートルズのアルバム『アビイ・ロード』の冒頭を飾るビートルズ後期のジョンの代表作の一つに数えられる。ジョン自身もこの曲を大変気に入っており、歌詞は「アイ・アム・ザ・ウォルラス」と並ぶ、彼のナンセンス傑作だ。彼の象徴的な才能を嘲笑的にも正直に使って出来上がった作品だ。

皆様にも素晴らしくヘンテコリンでノリがあってコケティッシュでパンチの効いた「カム・トゥゲザー」の歌詞を、ジョンの詩集を買って読んでほしいよ！　私は、このような彼の才能が大好きなんです。でもこれって「ドラッグ・ソング」だよね〜。ざんね〜ん！あのマイケル・ジャクソンもアップテンポにアレンジしたこの曲をシングルカットにして大ヒットをさせている。今となってはもう昔の話で1980年代の半ばのことだ。

やはり偉大なけなし屋の天才的な作品だ。もちろん自分（彼であるジョン・レノン）のことを歌っているのだが、一つ一つの単語の使い方が面白い。

「カム・トゥゲザー」で彼は「ヘンテコ指でコカインを打つ」と正直に告白している。「一つだけはっきりしていることがある。あんた、自由にならなきゃいけない」との内容で歌ってもいる。これは彼の本音だろうが、一生懸命に自由になろうとして堕落したり破壊するのはむしろ自由ではない。一生懸命に自由になるのは大変そうだ。疲れないだろうか？ジョン！　お前、自由って単語にだまされているよ！

さらに「泥水みたいな血液に、麻薬のフィルターをかけているようなもの」との内容もある。あ〜〜、芸術家は芸術的にすべてを隠さず公表したがる。これでは名曲がドラッグ・ソングに成り下がってしまう。

「あいつに抱かれたら、あいつが病気だってわかるだろう」という内容の「あいつ」イコール「ジョン」である。いったい何の病気なのだろうか？　もしかしたら精神の病。歌詞全体の空気からだとそう考えても不思議ではない。何しろジョン・レノンは、こと芸術活動の詞の作りにおいては正直だからだ。

ＰＳ．狂犬だって正直だ。人殺しだって自分の気持ちに正直になって人を殺した。レイプだってレイプしたいと思って正直にレイプをしたんだ。正直に自己の欲求を満たしたのだ。正直になることは善悪の判断をつけることではない。自己中になることも含まれてしまう。正直に悪事を働かせる、その時には罪の意識は感じられなくなっているだろう。

ライオンが羊を襲って食べることは正直ゆえのことで、虎がウサギを自分に正直に食する時に罪の意識はないだろう。悪魔だって正直に神に嫉妬をしているのだから、それは本音で生きていることになるし、自由になれているということになる。「自由」はそれだけであるならば、その価値は中立であろう。

「あいつの顔は誰も見たことがないんだぜ」と歌の終わりのほうにあるが、そうだろう、本当の自分の素顔を人に見せるわけにはいかないだろう。でも、この本でお前の素顔を公表してやるぜ！　ジョン!!

4．ドラッグ関係の単語が使用されている彼の詞

イ、コールド・ターキー

１９６９年10月、シングルにて発表。

１９６０年代の海外のロック・ミュージシャンにとってドラッグは概して身近なものであったかもしれない。しかし当時、それを音楽の中で主題にしてダイレクトに取り上げたことは滅多になかった。１９７０年代に入ると、「ブラウン・シュガー」（ローリング・ストーンズ）や「コカイン」（エリック・クラプトン※カバー曲。）など、ドラックソングが大ヒットした時期もあった。

ジョンがそのタブーを最初に破ったうちの一人となっている。

本当に彼の作詞の手段は正直者になるというものであったのだろう。正直者になったうえで、芸術的作法によって歌詞を作り上げている。

この「コールド・ターキー」には恐ろしいほどの生々しい苦しみが描写されている。ヘロインを止めようとしている禁断症状のロックだ。「体が熱い、骨に鳥肌が立つ」といっ

た禁断症状の実態とそのイメージを歌っている。「36時間、苦痛にのたうちまわる」との内容もある。

サウンドとしてはギターのリフがイカしていて、ボーカルのシャウトもジョンの個性が丸出しで、包み隠さずスクリームしている。完全にコールド・ターキー（麻薬が切れたときの禁断症状を表すスラング語をコールド・ターキーという）の歌だ。

ただし、冷静になって考えてみれば、ジョンには禁断症状が猛烈に来ていたということだ。彼はディープトリッパーであったということだ。強度のドラッグ中毒者であったことが解るのである。歌詞をそのまま直視したなら、かなり危険な状態であったと判断できる。

では、この禁断症状を乗り越えて、ジョンはコールド・ターキーに勝ったのか？　結果は？　彼のその後の伝記やインタビューから全敗をしたことが判明している。

ロ、悟り（I Found Out）

アルバム『ジョンの魂』の3曲目だが、「悟り」という曲名にふさわしくない、まったく悟りを感じさせない。ただし彼の性質を察するには役に立つ一曲だ。

それにしても、なぜ「悟り」という曲名なのだろうか。英語名は「I Found Out」なので、「悟った」のほうが正しいと思う。彼は、「私は悟りを開いた」と世間から誤解されたかったのでしょうか。「I Found Out」という曲名を作り出して、アルバム『ジョンの魂』の裏ジャケットで曲名の提示、歌詞カードでもまずは題名から見てもらえるようにしているのですから。マジでイエスのように見せたがっていて、それを実行した彼ならば十分にあり得る計算でしょう。彼はイエス風のファッションをしたり、ラブ&ピースの写真をヨーコとふるまったり、「I Found Out」と曲名をつけたり、チープなトリックを活用する時がありますのでね。

またまたうんざりするほどのキリスト教関係への中傷もしっかりと納入されている。イエスに関する伝説的な解釈やクリシュナをガラクタ扱いにしているのだ。

「世の中の欺瞞を暴く辛辣なもの」(書籍「ジョン・レノン全仕事」より)として強気の抗議をするメッセージソングとのこと。確かに彼は斜めな角度から観察をしたなら、少しは悟っているかもしれないし(笑)、悟り出したのかもしれない? でっしょ〜〜かね〜〜??

ここで、私が仏教系の説話を聞いて「あ! すごい」と思った話を書かざるをえない。「悟りが上がったとか、悟った人だとか、悟りについていろいろな基準があります。その一つの目安に、自分が仏教徒としてイエスの話題で話される場合で長く話をしたとしても、たったの1回だけでもイエスをバカにしたり中傷できたりする人は(どんなに才能があっても)まったく悟ってはいません」

悟りの高い人がフリーセックス主義であるというのはありえないし、浮気もまずない。酒におぼれたり、ドラッグに依存したりするような人は悟りの「さ」の字もない。中道こそが王道であり人の歩む道とあるので、極端な生き方をする人は悟りから外れる。よってジョン・レノンは悟りの「さ」の字もない人といえるのだ。

悟りの段階としては、高い位で「如来」がある。「仏が来るが如し」だ。三次元で生きていてこのレベルに達することは無理があるともいわれている。能力は総合力的で、広く高いといわれている。如来像を見ても分かるように、自分の身を飾ることに興味がない。よって、変わったファッションはしない。ゼネラリストで視野が広いので多くの専門分野を統括している。

如来の下には利他業のスペシャリストの「菩薩」がいる。仏の知識において学習は完成をしていて実践を行うという菩薩業の人たちである。ただし、専門分野においての利他業になり、法を説くことはないとしている。法を説くのは主に如来の仕事である。

菩薩の下には「アラハン」という修行者の人たちがいて、利他業よりも仏の知識の勉強が中心になっているのだが、かなりのレベルに達している。私利私欲は残っているものの、心の中には幸福感がある。よってスクリームは必要のない人たちだ。

さて、もしジョンに悟りがあるのならば、彼はどこのレベルだろうか？「如来」だろうか？ジョーダンがきついですよね。そもそも彼が「悟り」というテーマを使うこと自体が茶番なのだ。

ハ、ニューヨーク・シティ

１９７２年９月発表のアルバム『サムタイム・イン・ニューヨーク・シティ』に収録。

彼はアルバム『イマジン』を1971年に発表した。その中の名曲に「ハウ・ドゥ・ユー・スリープ」がある。これはポール・マッカートニーに向かって〝お前が作った曲はイエスタデイだけだ〟と歌っているアイロニー（皮肉）ソングである。「ハウ・ドゥ・ユー・スリープ?」は「眠れるかい?」と訳されていることが多い。しかし、もともとの意味は「夜は、どうやって寝ているの?」のはずだ。

ビートルズがレコードデビューして2年以内のものだろうか、モノクロ映像を観たことがある。その映像は、長くて広めのステージ台の横に長いテーブルを設置して、ファブだった4人が横に並んで座っており、ステージのすぐ下まで多くの女性ファンが見にきていた。そんなシチュエーションでの公開インタビューであった。

その最前列にいたポールのファンの娘が、公開インタビュー中ずっと、猫なで声で「ヘイ、ポール、ヘイ、ポール?」と話しかけていた。他のメンバーもインタビューの最中ということで、その娘を無視していたが、ポール・マッカートニーの無視の仕方は、自慢げな顔になっていて、聞こえないふりをしてとぼけていた。一方でジョンはインタビューの途中からジェラシー顔に変化していた。

そのポールへのデレデレ娘が、話しかけていた言葉、ポールの顔をステージの下から見上げてただただ繰り返していた1行語が「ハウ・ドゥ・ユー・スリープ?」だった。

正確には「ハウ・ドゥ・ユー・スリープ・トゥナイト?」とか「ヘイ、ポ〜ル♡ ハウ・ドゥ・ユー・スリープ?」これを何回も繰り返していた。その娘は「猫にマタタビ」状態で、ポール以外の他のメンバーは目の中に入っていない。「ヘイ、ヘイ、ポ〜ル♡　ハウ・ドゥ・ユー・スリープ？♡」

以上のようなことがビートルズの初期にあって、『イマジン』制作中のジョンは、嫌な思い出としてそれを覚えていたのだろう。これがジョン独特のアイロニー芸術となって、この歌「ハウ・ドゥ・ユー・スリープ？」が出来たのではないだろうか。ポールの過去の誇らしい？　何しろ喜び感のある思い出を嫌なイメージの言語に変えようとする、このジョンのやり方は心理学的には、相当のやり手と思われる。

この相当なやり手のやり方を、ポールに対して行った後にて、イノセント・ジョンは、こうも話をしている。

「『ハウ・ドゥ・ユー・スリープ？』はポールに向かって『眠れるかい？』って嫌味を歌ってやったんだけど、アルバム『イマジン』の発表後に、実際に眠れなくなったのは俺の方だった」。ジョンがポールに向かって投げた球の作用が反作用となってジョンのところへ舞い戻ってきたのだろうか？　そんな彼は後遺症で、ドラッグへの依存が激しくなったと推測できる。

それでは『イマジン』の次に発表されたアルバム『サムタイム・イン・ニューヨーク・シティ』の中心となる曲の「ニューヨーク・シティ」の歌詞はどうなっているのでしょうか。この曲の歌詞は「ジョンとヨーコのバラード」のようにニューヨークでのジョンとヨーコの日常を日記風に表現をしている。「僕とヨーコ小野」と実名を歌詞に普通に使って歌っている。宣教師は先生になりたがっているとか、神はオカマの燻製鰊だといった彼の一環とした姿勢の表現が入っている。

私はジョン・レノンの歌詞の面白さにはまりやすい。彼とは部分的に波長が合うのかもしれないが……。

しかし、私にはやっぱり「ニューヨーク・シティ」のような歌詞を絶えず作り、一生を通して「ニューヨーク・シティ」のようなモードの人の精神はイビツだと思う。やはりこのようなモードの芸術の概念の人の魂の潜在意識に悪い者がつながっていると思う。

この曲の中でストリート・ミュージシャンのデヴィッド・ピールが紹介されている。歌詞の中に出てくる彼の作品の「法王はマリファナを吸っている」という歌は本当にある。

1972年、ハイになっているジョンの記事がある（「ジョン・レノン㊦」より）。

※

アングラ界で特異な存在になっている、デヴィッド・ピールで「法王はマリファナを吸っている」や「マリファナをどうぞ」などの彼の歌がジョンを面白がらせた。当時を回想してジョンは言っている。

「僕がニューヨークについたばかりの時、ヴィレッジに散歩に出かけるとジェリー・ルービンやデヴィッド・ピールとか言った連中がみんないたんだ。そんな場所だったよ。僕はヴィレッジが大好きだった」

ジョンとヨーコにとってヴィレッジでの生活は瞬間瞬間の連続だった。ジョンはヴィレッジの自由さにすっかり気分が高揚し、デヴィッド・ピールのバンドであるザ・ローワー・イースト・サイドのアルバム・プロデューサーまでやったほどだ。ピールはこう言っている。

「ジョンは素晴らしいプロデューサーでした。彼は何もかも誇張してしまうフィル・スペクターの音のやり方をすっかり飲み込んでいた。それに、スタジオでの彼はすごく動きに重点を置いていた。僕らはギター6本とコンガ10個を持ち込んだ。ヨーコも少しコンガを叩いたりしたんです。『オーライ、次へ行こう』なんてよくジョンは叫んでいました。彼はえらく真剣でしたけど、楽しむ方法も心得ていました。僕のアルバム制作をしているときほどジョンが幸せに見えたことはありませんね」。

※

アルバムはアップルから発売されたが、たちまちに世界中で発売禁止になった。「法王はマリファナを吸っている」が入っていたからだ。

「法王はマリファナを吸っている」という曲が入っているアルバムのプロデューサーをやっている時のジョンは、「最も幸せそう」であったそうだが、なんでそんなことをすると幸せそうになれるのか？　どんな神経をしていたら、このような内容のアルバムのプロデューサーをしていたら大変に楽しくなれるのだろう。

ドラッグを世界に広めようとするコンセプトのアルバムなのだろう。ジョンとヨーコは自宅への帰り道で「法王はマリファナを吸っている」を元気に大きな声で歌いながら楽しんでいたとも記されていたし、いったい世の中をどうしたいのか？　いったい何が目的なのだろう？

ちなみに「自由の女神が『おいで！』って言ってくれたんだ」と歌詞の最後に決めゼリフがあるのだが、自由の女神はフリーメーソンの女神で、髪の毛が毒ヘビの怪物メドゥーサとも言われている（都市伝説）。

ニ、Tight A$

1973年11月発表　アルバム『マインド・ゲームス（ヌートピア宣言）』に収録。

ジョンのニューヨークでのロックスターとしての生活ぶりを歌ったものである。この曲の歌詞はすべてドラッグと〝アレ〟のことを歌っているのだろう。しかし本書「悪魔のジョン・レノン」としてこの曲に価値があるのは「麻薬中毒者みたいにタイト」と歌っていることだ。

1973年、ついにジョンはハッキリと「麻薬中毒者」と証言をしているのだ!!

ホ、サプライズ・サプライズ

アルバム『心の壁、愛の橋』に収録。

オノ・ヨーコとの別居期間中に行動を共にしたジョンの愛人だった中国人女性メイ・パンに捧げられた曲だ。ジョンがこの曲「サプライズ・サプライズ」を初めてメイ・パンの前で弾き語りで歌った時に、彼女は感激のあまりに泣き出してしまったそうだ。

ただし、この本にとって価値があるのは、メイ・パンへの〝ナチュラルハイの蝶々〟という呼びかけがあることだ。ナチュラルハイとはこれはドラックを用いないままで〝ハイになる〟ことをいう。ドラッグを使用せずにハイになれている状態を自己覚知するには、その前提としてドラッグでハイになった状態を十分に実体験していなければできない。

このようにドラッグ関係の単語が使用されている彼の楽曲はかなり多いと言えよう。他にもドラッグ単語が入った曲はある。

ヘ、ノーバディ・トールド・ミー

1984年1月発表、アルバム『ミルク・アンド・ハニー』に収録。

メロディーが快活で健康的でカントリー風味が入り込んでいる。またジョンの歌い方も明るくポップだ。だから気づきづらいかもしれないが、この曲の歌詞を読めばジョンの晩年（といっても39歳とか40歳）が、本人やヨーコの発言ほど穏やかで幸福に満ちていたわけではないことを示しているのではないだろうかと気づくでしょう。

曲中には「ナチスがバスルームにいる」という内容が出てくるが、ジョンのフリークならば、ナチスと揶揄されている対象は誰なのかの推理をすることはできないこともない。さらに、この歌では「愛のないメイクラブ」のことや「泣いているけれど声が出ない」等の不思議な事柄も歌われている。

もちろん私は、この曲を注目に値するものと思っている。しかし以上のようなことがその理由ではない。注目する価値とは、この曲「ノーバディ・トールド・ミー」にはジョン・レノンが殺される直前までドラッグを常用していたと思われる証拠があることだ。

この「ノーバディ・トールド・ミー」を作ったのは、1980年に入ってからの可能性が高い。「誰もが一服しているのにハイにならない」との内容があるこの曲は、ジョンのドラッグ愛用宣言ともとれそうだ。

ジョン・レノンが音楽活動を再び行い出して、レコーディングスタジオに入ったのは、1980年の8月のはじめで、同年11月には『ダブル・ファンタジー』を発表している。やり出すと仕事は早いのがこの男（ジョン）の特徴なのだ。この男はいったんスイッチが入ると、広告宣伝のやり方のアイデア、カメラワークの写真、キャッチコピー、アルバム・タイトル、曲のアレンジなどなど、すべてにおいて才能を発揮し出すのだ。

そしてこの時期のジョンの記事によると、なんと1980年の5月までは曲も詞も作っておらず、6月ごろから曲と詞を作り始めたという。

しかも「ノーバディ・トールド・ミー」は『ダブル・ファンタジー』には収録されずに、作りかけ感のある『ミルク・アンド・ハニー』に収録された。これは彼が死の直前までドラッグを使用していたことの証拠の一つといえる。

コメントします。

「レノンさん、『誰もが一服やっている』とあって、『誰もが』にはもちろん自分もその中に含まれるだろう。あなたが誰もが一服をやってもらいたいと心の中で希望をしているのは、あなたの人生から想像がつく。『誰もが一服やっている』ということにしておけば、そんな空気にしたら、一服を行う人は増えるだろう。『みんな一服やってるよ、それって普通でしょ』という時代の風を流せば、一服をやれる人は増えるだろうから。あなたは率先してドラッグを使い、率先して同世代の人々に広げるのに一役を買っていたから。1970年代の初頭にはカナダの首相との話し合いにて、あなたはソフトなドラッグの効果は良いものだ、使用するべきだと主張をしているでしょ。

しかし今は、いや1980年代でも誰もが一服をやっていなかった。一服をやっていない人のほうが圧倒的に多い。残念ながら、レノン君。近頃ではタバコでの一服をする人だって減っているよ」。

5．ニューズウィーク誌「答えは彼の歌の中にある」

イ、その「答え」を記入する必要性は？

目次だけ記入しておけば大丈夫。

第三章　ジョンの詞の中にあるサタニズム

1．アメリカでは親レノン派と反レノン派の戦いが始まっていた
2．私が思うにこれらの彼の詩は「マルクス的偽善のルシファーの技術」だと……
3．良きも悪しきも正直者のジョンの詞
4．ドラッグ関係の単語が使用されている彼の詞

もうコメントをしなくても彼の正体は見えてきたでしょ。ディア、フレンド＝ジョンのフリークの人々「ハウ・ドゥ・ユー・スリープ？」

はっきり言って、ゴールドマン派＝反ジョン・レノンの主張の勝ちである。オノ・ヨーコ派＝親ジョン・レノン派は永遠の嘘を主張している。そしてその嘘を広げたがっていると判明した。したがって親レノン派の全敗である。オノ・ヨーコ派は敗北をしている。

第四章 ヨーコの故郷・日本国および日本人に与えているジョンの悪影響

1．ジョン・レノンの国防に関する真面目な考え方とは

イ、ジョンの平和主義とは憲法9条と同じレベル

まずは2010年発行「THE DIG Special Edition ジョン・レノン」（シンコーミュージックMOOK）での「発掘ロングインタビュー」記事の中から抜粋して紹介する。

※

Q あなたは平和に対して、どの程度強い意識を持っているのでしょう？ 例えば戦争が始まったとして、あなたはどういった行動に出ますか？ 戦いますか？ それとも牢獄につながれることを選びますか？

ジョン 絶対に戦わないよ。戦おうなんて気持ちは今までにこれっぽっちも持ったことはないし、これからもそうだ。僕が18歳になるまでは徴兵制度があって、今でも覚えているけど、ニュースを見ていたら1940年以前に生まれた連中だけが対象だって言っていたね。僕は神に心から感謝をしたよ。僕はいつも、南アイルランドに関して思い描いている ことがあったからね。あそこへ行ったら自分が何をやるかってことにハッキリとした確信

はないけど、とにかく戦うつもりはなかった。僕には人殺しはできないさ、分かるだろ？誰かに攻撃を仕掛けるなんてできっこないよ。たとえ今この部屋で、誰かが僕を殺そうとしても、そいつを返り討ちにして殺せるかって自信はないね。

僕はいまだに〝あの国はこの国を殺そうとしている〟なんて図式は成り立つはずがないと思ってるんだ。だってそんなのは巨大な政治ゲームにしかすぎないからさ。僕には解せないんだよ。いったいどうして高い教育を受けてきた、それも大半は中流階級出のいい大人たちが、自分たちのかかわっているゲームが、路上の喧嘩のレベルのものでしかないんだってことに気がつかないのかさ。

※

彼の特徴の一つに雄弁さがあるが、まさしく雄弁。

「他国が攻撃を仕掛けてきても絶対に戦わない」これが「ジョンの平和主義」の正体である。彼に影響されてしまうと、もし中国や北朝鮮が日本へ軍事的に攻撃をしてきても、絶対に戦わないという意思を持つことになる。よって普段から防衛の準備を怠り、平和ボケになってしまう。

いまだに日本人の中には憲法9条に固執をしていて、平和ボケという最も危険な思想に漬かり、戦争を呼び起こそうとしている人がいる。

彼は「僕には人殺しなんかできないさ」「僕はいまだに、あの国はこの国を殺そうとしているなんて図式が成り立つはずがないと思っているんだ」「絶対に戦わないよ」などと、進歩的文化人のごとく答えている。これが自称平和主義の戦争反対のジョン・レノンの考え方である。

しかし、これが平和主義と言えるのだろうか、私にはこれこそが似非の平和主義であると断定することができる。なぜなら、ジョンの平和運動の根本的な考え方は、憲法9条と同じだからだ。GHQが、敗戦国の日本に無理やり押しつけた「マッカーサー憲法」の平和主義と思想的に一致している。ほとんど同じである。人気者でカリスマのジョンが主張をしてきた平和主義は、日本人にしみこんでいて、それが9条主義者のぶれない精神エネルギーになっているのだろう。

ジョンの平和運動に関する根本的な考え方は、このようにインタビュー記事等で残っている。それは政治的な発言となっている。彼の政治的で具体的な世界平和への政策や法案ということだ。もしもジョンが一国の総理大臣に選ばれたとしたら、何をどう行うつもりなのか？　彼はこう答えている。

「僕だったらアルジェリアとか何とかに武器を売ったりするのをやめさせるね。陸軍もなくすし、空軍もやめてスウェーデンのようになるんだ。僕は現実的な人間じゃない。ただ平和が存在しうることは分かる。まず、最初にしなくてはならないのは世界が武装解除することだと思う。

でも、僕が首相になったとしても、そんな力があるだろうか？　ウィルソン（ジェームズ・ハロルド・ウィルソン首相。インタビュー当時の労働党内閣）首相にどれだけコントロールする力があるのだろう？　平和主義の総理にどれだけのチャンスが与えられるのだろう？　僕には分からない。ただ、今の世の中の状況があまり良くないのが分かるから、やってみる価値はあると思うよ」

これが彼の平和への具体案である。彼はハッキリと「陸軍も、空軍もなくす」「最初にしなくてはならないことは、世界が武装解除をすること」と答えている。そして「やってみる価値があると思う」とダメ押しのごとく答えているのである。ということは、これがジョンが歌っていた「平和を我等に」の具体案だったのだろうか？

それではこの彼の平和実現への方法を、今現代の社会で行ったら、世界はどうなるのだろう。まずはジョンの平和主義を受け入れた国から武装解除をすることになる。彼の自称平和主義と考えを同じくする彼の支持者が多数で、彼の同感者の国から武装解除することになるのだ。そしてその結果は、見るも無残な結果が待ち構えているだろう。彼は似非平和主義者なので、結局は戦争を工作したのと同じ結果を生ませてしまうのだ。

では、今の日本の平和の概念である憲法前文と日本の平和主義の規定である憲法９条を掲載する。

日本国憲法　　前文

日本国民は、正当に選挙された国会における代表者を通じて行動し、われらとわれらの子孫のために、諸国民との協和による成果と、わが国全土にわたつて自由のもたらす恵沢を確保し、政府の行為によつて再び戦争の惨禍が起ることのないやうにすることを決意し、ここに主権が国民に存することを宣言し、この憲法を確定する。（略）

日本国民は、恒久の平和を念願し、人間相互の関係を支配する崇高な理想を深く自覚するのであつて、『平和を愛する諸国民の公正と信義に信頼して、われらの安全と生存を保持しようと決意した』。われらは、平和を維持し、専制と隷従、圧迫と偏狭を地上から永遠に除去しようと努めてゐる国際社会において、名誉ある地位を占めたいと思ふ。われらは、全世界の国民が、ひとしく恐怖と欠乏から免かれ、平和のうちに生存する権利を有することを確認する。（略）

日本国民は、国家の名誉にかけ、全力をあげてこの崇高な理想と目的を達成することを誓ふ。

日本国憲法　第9条

1　日本国民は、正義と秩序を基調とする国際平和を誠実に希求し、国権の発動たる戦争と、『武力』による威嚇又は武力の行使は、国際紛争を解決する手段としては、永久にこれを『放棄』する。

2　前項の目的を達するため、『陸海空軍その他の戦力は、これを保持しない』。国の交戦権は、これを認めない。

困ったことにジョン・レノンの世界平和への具体的な方法を、日本はすでに憲法上では体現をしていることになるが、現実を直視してみると、今の日本でこの憲法のもと平和主義が行われてきただろうか。アメリカの軍事基地を国内に放置させたままでいて、どこが平和主義なのだろうか。

日本国は日本人で日本の平和を守っているのか？　また日本が世界を平和にできそうになっているか？　答えはすべて否である。つまりマッカーサー憲法（今の日本国が使用している憲法）の平和の方法、そしてジョンの平和主義は似非の平和主義であり、本当は平和をつぶすものなので、平和を本気で求めている国から滅ぼしてしまう悪魔の悪知恵だったのである。

もともと彼はベトナム戦争に反対をしていたので反戦平和主義であった。マネージャーのエプスタインから「ベトナム戦争には口を出すな」と言われていたが、少しの期間は黙っていても、「アメリカのベトナム戦争に反対」という意思を、マスコミを使って伝えている。ただここまでならば社会にも日本にも害を与えることはない。まだアイドルの一面を持っていた若いビートルズだったが、大義の全くない戦争に反対の意を示したということは、非常に良いことをしたといえるのだ。

しかし、オノ・ヨーコと出会って、平和活動家のコンセプトをパッケージ化して、平和アトラクションを行うようになってから、平和への理念が非現実的になった。間違った一方的理論の似非の平和主義を先ほどのように言い出したのだ。

ちなみに、ジョンの平和に対する考え方や、世界平和への具体案を団塊の世代のサヨク知識人は全員が読んでいると思う。

ロ、オノ・ヨーコの潜在意識下の平和主義とは？

オノ・ヨーコは1933年2月18日に生まれている。敗戦前までは大財閥であった安田財閥の直系で、母親の家系の兄弟姉妹のうちの孫の子どもにあたる。財閥解体をもろに受けた一族の孫の子なのだ。そして、ヨーコを診るにあたって重要なところは、日本がアメリカに戦争で負けて、GHQが日本を支配、日本洗脳に乗り出してきたときの年齢だ。日本がアメリカから核兵器による攻撃的ホロコーストされて敗戦したのが1945年8月。オノ・ヨーコは12歳と6カ月の時に敗戦を経験している。ヨーコがまだ小学生の高学年の時に日本は敗戦し、それと同時に〝GHQレボリューション〟が始まっている。

GHQレボリューションは約7年間も続いたが、それはGHQによる日本への強制的なレボリューションであった。新聞・ラジオ等を使った、日本人の大人も含めた大衆洗脳工作と学校教育を使った子どもたちへの洗脳工作であった。オノ・ヨーコは年齢的に、この洗脳工作をもろに受けることになったのだ。

テレビ番組「朝まで生テレビ！」の司会者で有名なジャーナリストの田原総一朗氏は1934年の4月生まれで、ヨーコと同じ環境で成長している。マッカーサーが率いるGHQがどんどん日本を変革させていくなか、当時の周りの大人たちへの不信感をこう述べていた。「昨日まで学校では、この戦争の意義や正しさをも教えていて、私も真面目に学んでいた。でも敗戦をしたら、すぐ教科書は修正された。（GHQにとって都合が悪い箇所は黒で塗って消させる）同じ先生が今まで教えてきたこととまったく違うことを教えてきた。この大人や学校や先生の変わり身の早さにはびっくりした。そりゃあね、あの時は大人や社会に対して不信感を持ったもんですよ」。田原総一朗、中学1年の夏のころだ。

日本の学校教育はマッカーサー憲法のもとに変革されていく。憲法9条にしても、当時の先生は「これは平和憲法ですよ」と生徒にたたえて、その内容を教えていたことだろう。ラジオでは「真相はこうだ」という番組がGHQの指示で作られ、何回も何回も日本は戦争を起こした国として放送された。特に軍部の悪口を伝えることにより、世間から軍部への信頼を落とすことに成功している。

多くの保守系の書物を著作した渡部昇一教授は「修身を学校で学んでいた途中で、いまだ物事が定まって身につく前の発達段階の少年少女が、敗戦後からマッカーサー憲法にさらされて学校教育を終える。この特別な世代は大人になっても真実が見えず、混乱したままになっていて、保守の論陣に入れない」と見抜いた分析をしている。

例えば1939年生まれの政治経済と歴史思想の評論家で保守の論陣である西部邁氏は、ヨーコとは年齢差があり、ヨーコのほうが6歳も年上である。戦争の記憶は少ししかないと本人が述べているようにヨーコとは考える土台が全く違い、発想の観点も違い、判断する良識がお互いくい違っている。まるでどこか違う次元の人間に思えるほどの精神発想の基盤に差があるのだ。

西部邁氏は日本の敗戦時には小学1年生で、戦争中の教育はほとんど受けていない。自分の実体験のみにこだわってあの戦争を見てしまわずに、大人になってから客観的に、あの戦争を学んでいる。

団塊の世代の前の一部分の特異な世代がオノ・ヨーコたちの特別な世代である。私はこの特別な世代を「マッカーサー・チルドレン」と呼んでいるが、人によって個人差はあるものの、だいたい敗戦時に小学校の3年から中学校の3年までの人たちだろうと思う。

この「マッカーサー・チルドレン」または「GHQ世代」の人たちは、どうしても敗戦前の日本を褒めるのが苦手なようだ。そしてアメリカ的なるものに歯向かう気概がゼロの人が多い。「GHQに育てられた子どもたち」なのだ。

戦争で負け出して惨憺《さんたん》たる日本を記憶していて、戦争で負けることによって戦争が終わったとみているのだ。つまり戦争に負けて日本は平和になったと思っている。米兵は殺虫剤をまくように、空から日本国民を虐殺したのに、その殺人のシーンでは米兵の顔すら見えない。よって沖縄以外では実際に米兵が手をあげて日本人を殺した場面を見ていないのだ。初めて見た米兵はチョコレートを持ってきてくれた。負けることにより空爆が終わり、戦争が終わったことを体験していて、直下型のGHQの洗脳教育を受け、戦争については敗戦末期の悲惨な記憶のみで、あの戦争を知っていると錯覚している人たちなのだ。

ヨーコ世代から見ると、大人への成長期の日本を統治していたのは、日本政府でも天皇家でもなく、サングラスのマッカーサー元帥であった。

私が思うに、小学生、中学生の時期とは、ある意味では人生の魂の発達段階において潜在意識が半分開いている状態ともいえるのではないかと思う。半分寝ていて半分起きている瞑想状態のときは自己洗脳を行いやすい。人生において瞑想状態の時期は思春期まではないのか。

記憶力が優れていて、物覚えが良いのは15歳ともいわれ、人間の人生で脳細胞の数が一番に多い時期と重なる。よって「GHQ世代」の人たちは、実は何でもインプットができる思春期に敗戦からの大革命が強制されている。この時期に昨日までとは全く違う価値観がインプットされると、その後には混乱が続くのではないだろうか。ヨーコは約7年間の強烈な日本人洗脳のGHQ統治下で大人へと成長した。

「マッカーサー・チルドレン」はアメリカ文明に歯向かうとか、国連に歯向かうとか、GHQマッカーサー憲法に、すなわち今の日本国憲法に歯向かうということはもってのほかという感覚が植えつけられているのではないか。特に9条に関しては平和憲法であって新しいユートピア論として教育が徹底されており、潜在意識下までその病が広がっていると思われる。

私の個人の人生においても、この敗戦時に小学生の半ばから中学生であった人たち(GHQに育てられた子どもたち)には、昔の日本をバカにしたりする人がいた。アメリカにはかなわないと思い込み続けている。ハイカラ＝《イコール》アメリカという図式が刷り込まれている人が多い。それを多くの人たちと接してきたうえで体験として認知している。GHQ

世代の人たちには、人間性の良い人も多くいるのだが、価値観となると何かが欠けている人が多いというのが私の経験知だ。

渡部昇一教授は、このGHQ世代の人々は「敗戦時には物心がつく年齢になっていなかったので、GHQはGHQの都合で日本を統治していたことを客観視できなかった」と意見している。さらに「敗戦時のことだけを知っていて、戦争を体験していると自負をしている。この人たちは一番に事実が見えなくなっている」と分析をしている。

オノ・ヨーコは、まさにこのGHQ世代（マッカーサー・チルドレン）である。負けてばかりで苦労が増えている戦争のみを体験しており、田舎へ疎開をしてひもじい体験もしている。そして敗戦後の戦争がなくなり復興していく日本の中で大人になっている。

そしてその時に正しいとされた政治信条が憲法の前文であり、9条である。まさに新しく与えられた平和への方法への心構えは、マッカーサー憲法ということだった。

GHQが日本から去った時、ヨーコは19歳と2カ月になっていた。この世代には敗戦後の日本経済の発展や平和が続いた要因を、まったく関係ないのにもかかわらず、憲法9条のおかげとすっかり思い込んでいる人々がいる。まことに恐ろしきマッカーサー元帥である。

ヨーコの平和主義は、やはりGHQの戦略によるマッカーサー憲法の前文や9条の影響から離れることはできなかったのではないか。ヨーコもジョンと一緒にプライマル・スクリーム療法を受けているが、その時に「マッカーサーのエッチ！」とか「核兵器を使いやがって、このクソ野郎」「東京大空襲だけは許せんぜよ！」とか「9条なんかはクソ食らえだ！」

と叫んではいないだろうから……。

ジョンとヨーコの人間関係においてはヨーコがリーダーになっていた。ジョンもインタビューで「ジョンとヨーコの関係で、〝ドン〟はヨーコなんだ」と答えている。ヨーコはジョンよりも七つも年上で、思い切り姉さん女房だ。この二人は芸術、政治、平和、宗教、哲学にわたってよく話をするそうだが、口論や議論に近いことになることもあるという。だいたい偏りのある屁理屈の答しか導けないのだが、議論の最中に感情的になるのはジョンのほうで、ヨーコのほうが母親的なポジションになって冷静に話をする。

愛と平和のジョン＆ヨーコのイメージングされた写真のスケッチ

結局、ジョンはヨーコの影響下に入ってしまう。ヨーコと別居時の愛人メイ・パンには、彼はヨーコとよりを戻すときにこう言っている。

「ヨーコから家に戻れる許可をもらった」

ジョンが家に戻るにはヨーコの許可が必要だったのだ。

「ドンのヨーコ」との議論によって、ジョンの似非の平和主義が出来上がっていったのだろうか？

GHQの子どもたちのヨーコなので、彼の反戦主義がマッカーサー憲法の前文や9条と同じ内容に成り下がったのだと思われる？　前述したジョンの世界平和への政治的方法と憲法前文と憲法9条は同じ意味だ。「武装解除」と「武力の放棄」は同質だ。

もう1度、ジョンの「発掘ロングインタビュー」で彼が主張をしている、彼の考えを読み直してみよう。「戦争になったら絶対に戦わない！」や「僕はいまだにあの国がこの国を殺そうとしているなんて図式が成り立つはずがないと思っている」は、ハッキリ言って、ただのたわごとにすぎない。そのことは憲法前文での「平和を愛する諸国民の公正と信義に信頼して、われらの安全と生存を保持しようと決意した」と同じだ。

ちなみに憲法前文とは、憲法の総論であり、憲法を作り構成していく上での理念である。憲法の原理原則の上に君臨するものが理念なのだ。よって、憲法前文の理念のもとにすべての憲法や法律は作られなければならない。だから憲法前文に欠点や至らない箇所があってはならないのであって、すべての栄養素が含まれた完璧な文章であるべきなのである。

ジョン・レノンの平和主義とはマッカーサー憲法のレベルだ。彼には、9条的で憲法前文的な偽善者の平和主義へと偏るものが備わっていた。ドン・ヨーコは一つのスイッチにしかすぎないと思える。似非の平和主義ほどの平和の敵はない。平和ボケこそが平和をつぶす危険思想なのだ。

彼はもともとイエスへの対抗心を魂に持っている。このような人は偽善者になりがちで、彼の女性問題にしろ、家庭問題にしろ、非暴力主義にしろ、偽善者である。ラブ&ピースに関することだって結局は戦争を呼び込む似非平和主義をしているだけだったのだ。

2．ジョン・レノンが日本ではダントツのカリスマ

イ、日本のシンガー・ソングライターの多くがジョンの弟子⁉

若い人には実感されないかもしれないが、日本の40歳代、50歳代、60歳代、70歳代にとって、ダントツのカリスマが実はジョン・レノンなのだ。もちろん、アメリカやヨーロッパ、オーストラリアなどでも彼はかなりのカリスマであるが、それはロック界においてのカリスマという点に限れば、そのレベルかもしれない。しかし、こと日本に関しては、奥様が日本人であるということも相まって、ロック界のカリスマの域を越えている。何かユートピア思想のリーダーとか平和運動家の象徴のようになっている。

そのユートピア思想のカリスマとして広くとらえたら、日本人の40歳から80歳までならばジョン・レノンがダントツである。しかし、このことを口に出す人はまれである。ここで、その事実を説明していく。

日本には、大衆文化において多くのカリスマが存在している。特に敗戦後は大衆文化が

多種に拡大し、氾濫し、そのパワーたるや政治や教育にまで浸食の傷をつけ続けている。

大衆文化はいくつかの分野に分けられる。それらはテレビや新聞、ラジオ、CD、映画、マンガ、雑誌、広告等々のメディアを通して広がり浸透をしている。ここで大衆文化の華、シンガー・ソングライターのカリスマを各分野別にあげていこう。

まず日本のロックンロール最大のカリスマは伝説のバンド、キャロル出身の矢沢永吉だ。日本のフォークソングの最大のカリスマはフォーク御三家と呼ばれた吉田拓郎、井上陽水、かぐや姫である。日本のテクノ・サウンドのカリスマはイエロー・マジック・オーケストラ出身の坂本龍一。日本のパンク・ニューウエーブ系のロックのカリスマはRCサクセションの忌野清志郎。また大衆ロック系のカリスマはサザンオールスターズの桑田佳祐。ほかにも大衆ビジュアル系のアルフィー（？）や女性シンガー・ソングライターの中島みゆきや松任谷由実などと、あげるときりがないが……、こういった方々が思想・文化的に大衆に影響力がある日本のシンガー・ソングライターたちの中のカリスマたちである。

しかし、この偉大なるカリスマたちの、さらに上に君臨をしている者がある。多くのミュージシャンが台頭してきた敗戦後の日本であるが、この人たちのトップに立っているカリスマがいる。

それが言わずと知れた「ザ！　ジョン・レノン」である。彼こそが日本のミュージシャンの中でのカリスマの中のカリスマ。しかもダントツの存在なのだ。本当にそうなのだ、大げさではない。

ビートルズはその活動期間においては、イスラム圏と共産圏以外のほとんどの世間を席巻していた。当時の若者にとっては、ファッションや生き方や考え方までリーダーになっていた。憧れの的でもあり、雲の上の存在でもあり人気は超がつくほどあった。今の時代のアイドルとかスターのレベルではない。そのビートルズのメンバーの中でも一番カリスマ性があったのがジョン・レノンなのだ。

日本人であるオノ・ヨーコを妻にして溺愛し、ラブ&ピースの担い手として、ビートルズの解散後もさらにそのカリスマ性には磨きがかかっていく。ロック界のカリスマ性を乗り越えて、思想的、哲学的、精神的なカリスマ性を帯びていった。

ビートルズ出身というのが彼にとって大きな武器になっていたが、実際「ビートルズ後のジョン・レノン」が日本における最大最強のカリスマになっていたのだ。

さらに、暗殺されたという悲劇も、彼のカリスマ性の長続きに役立ってしまっている。何といっても「スターの凍り漬け保存現象」の最たるものだから、なかなか色あせない。

矢沢永吉のビートルズが超大好きは有名で、リーゼントの前はマッシュルームカットにしていた。そんな彼がこんな歌をうたっている。永ちゃんのメジャーソングだ。

恋の列車はリバプール発　※作詞はNOBODY（ノーバディ）の相沢行夫

切符はいらない　不思議な列車で　いじけた街を　出ようぜ俺と
つっぱりジョンも気どり屋ポールも　待っているはずだよ　行こうぜ　急げ
恋の列車はリバプール発　夢のレールは二人で書いて行こう

リッケン・バッカー　抱いて歌えば　さびしい野郎も　つられて歌うぜ
恋の列車はリバプール発　夢のレールは　二人で書いて行こう
しらけた奴らが　追いかけたって　特急列車は　つかまりゃしないぜ

リバプールはビートルたちの生まれた故郷、リッケン・バッカーはジョンが弾いていたギターのブランド名だ。

ＲＣサクセション（忌野清志郎）の「トランジスタ・ラジオ」には「リバプールから、ホットなメッセージ」との歌詞が入っている。もちろん清志郎もビートルズが大好き。永ちゃんも清志郎も特にジョン・レノンには信仰に近い感覚があったと思われる。ロック界の二傑にとってジョンはカリスマなのだ。

トランジスタ・ラジオ

（略）

内ポケットにいつも　トランジスタ・ラジオ
彼女　教科書ひろげてる時　ホットなナンバー空にとけてった
Ａｈ　こんな気持　Ａｈ　うまくいえた事がない　ＮＡＩ　ＡＩ　ＡＩ

ベイ・エリアから　リバプールから
このアンテナがキャッチしたナンバー
彼女　教科書ひろげてる時　ホットなメッセージ　空にとけてった
Ａｈ　君の知らない　メロディー　聞いたことのないヒット曲　Ａｈ…
Ａｈ　君の知らない　メロディー　聞いたことのないヒット曲　Ａｈ…

フォーク界の御三家の中でカリスマ性が強いのは吉田拓郎だが、彼の数々の名曲の中にもこんな歌がある。

ビートルズが教えてくれた　　※作詞は岡本おさみ
（略）
勲章を与えてくれるなら　女王陛下からもらってしまおう
女王陛下はいい女だから　つきあってみたいと思う

それも自由だとビートルズは教えてくれた
くれるものはもらってしまえ　欲しいものはものにしたい
その代わり捨てるのも勝手さ　もらうも捨てるも勝手さ

ビートルズが教えてくれた
ビートルズが教えてくれた

人が倖せになるのを批判する権利は誰にもない
みんな倖せになっていいんだ　人に迷惑さえかけなければね
ビートルズが教えてくれた

「人が幸せになるのを批判する権利は誰にもない」とは、ヨーコとの結婚のことを周りから批判されたときのジョンの言葉だ。女王陛下からもらった勲章を返上したのはビートルズのメンバーではジョンだけだ。

かぐや姫は一時期超スーパー人気があった。そんなかぐや姫の曲で、ファンならだれでも知っている名曲が「アビーロードの街」だ。もちろん『アビイ・ロード』とはビートルズ後期の傑作アルバムの名称。

アビーロードの街

あの日の君は傘さして　青山通り歩いてた
君は雨の中　ちょうど今日みたいな日だった
ビートルズの歌が　きこえてきそうと
二人で渡った　交差点
いつもは君と歩く道　今日は一人で歩いてる
（略）
公衆電話だから　大きな声で
言えないけれど　好きなんだ
地下鉄駅まで帰る道　青山通り雨通り

坂本龍一はジョン・レノンと交友関係があったし、桑田佳祐のレノン好きは信仰に近い。日本のミュージシャンはビートルズや特にジョン・レノンのことを歌詞に取り入れていることがある。それは彼のことが好きだからだ。このような歌詞が探せば１００曲はあるかと思う。日本のシンガー・ソングライターのカリスマたちは100%ジョンを尊敬していると私は考える。

歌詞のイメージは潜在意識に入り込む。私たちは日本のアーティストのカリスマのカリスマである、ジョンの影響下にさらされている。〝歌は世に連れ、世は歌に連れ〟私たちはいまだに間接的にレノンの空気を吸っているのだ。

ジョンはイギリス政府がベトナム戦争に加担していることに抗議して、女王からいただいた勲章を(女王陛下へ)突き返した。このことは日本においては、100%カッコいい逸話とされている。平和運動の正義感の一つとして認められている。しかし、イギリスでは「女王に対して失礼だ」とか「抗議をするなら国会に行うべきだ」とかの意見も多々あり、両手をあげて賛美をする人ばかりではない。

ところがここ日本では彼の自称平和行動を注意する人はゼロなのだ。そんなこんなでサザンオールスターズの桑田佳祐は、ジョンを崇拝しているので、憧れていてこんなまねをしてしまったのだろう。

桑田佳祐は2014年11月、秋の紫綬褒章を受賞したが、同年12月31日の横浜アリーナで行われた年越しライブ「ひつじだよ! 全員集合!」のステージ上で、わざわざケツのポケットに入れておいた褒章のメダルを取り出して「オークション、5000円から!」との発言を行ったのだ(後に謝罪)。

これは平和主義者のレッテルが張られているジョンのちょっとしたまね事である。だから桑田自身はあれでかっこを付けているつもりで平和へのアピールのつもりでやったと私は思う。レノン菌に感染をすると、自分が平和の邪魔をしていることに気がつかずに似非平和主義をまね事を行ってしまうのだ。

3. サヨク人とイマジン

イ、小林よしのり氏の見識

「サヨク人」とは私が作った造語である。そのルーツは政治用語の「左翼」から。「左翼」とは急進主義的、社会主義的、共産主義的な団体、もしくはそれに属する人物のこと（新世紀ビジュアル大辞典・学習研究社）である。

そしてこの「左翼」という用語から「ゴーマニズム宣言」や「戦争論」を描いた、社会派漫画家の小林よしのり氏が「サヨク」という言葉を作った。

小林よしのり氏によると、「サヨクとは『人権、自由、個人、市民、グローバル』といった言葉を盛んに使う。いかにも美しい言葉であり、理念のようだが、これらの言葉を『正義の御旗』として振りかざすことは大きな落とし穴がある。これらの言葉を突き詰めていくと、行き着く先はすべての人間を均質で平等のものとして、国家や権力さえも否定しかねない。

そして最終的には国境をなくして、世界を一つにしてしまおうという純粋まっすぐな理想主義と結びつく。何のことはない、世界同時革命を唱えたマルクス主義と同根ではないか！

オウム真理教が『アレフ』と名称を変えたように、『サヨク』のイデオロギーは偽善に弱いサヨクな人々の脳に簡単に侵入し延命を図っていくのだ。真性の左翼はごく少数の残留左翼になったが、戦前を全否定した『戦後民主主義教育』で育った世代が親になってしまった。教育とマスコミ、圧倒的サヨクの空間の中で、現代人はアイデンティティーを喪失していく。人権、自由、個人、反戦平和などの左翼的価値観に影響される」。(「新・ゴーマニズム宣言SPECIAL 戦争論2」(小林よしのり著・幻冬舎)より)

そして小林氏はサヨクをこう説明している。

「つまり人権、自由、個人、反戦平和などの価値を掲げれば、残存サヨクから薄甘いサヨク市民グループから戦後民主主義まで大同団結が出来てしまう。要するに戦後民主主義とはサヨクなのだ。それが『空気』の正体である。

ここでワシはマルクス主義の影響のある者を『左翼』と漢字で書き、無意識に『人権』などの価値観に引きずられ反権力、反国家、市民主義になるものを『サヨク』とカタカナで書く。今やマルクス主義、反権力の真性の左翼は、この日本にきわめて少数者になったはずだ。しかしその少数の『残存左翼』は、実にしぶとく執念の活動をし続けている。新聞のほとんどに彼らはいる。テレビ雑誌マスコミ内に彼らはいる。教育界にいる。司法関係者にいる。国外にまで暗躍をしている。

この『残留左翼』に操られやすいのが『薄甘い左翼市民グループ』だ。明確な左翼思想を持つわけでもなく、人権、平等、自由、フェミニズム、反戦平和などの思想が彼らを突き動かす。『薄甘い左翼市民グループ』の周りには、大多数の『薄甘い戦後民主主義の国民』がいるわけである」

私は「薄甘い戦後民主主義の国民」の思考回路はジョン・レノンの思考回路と重なっているところがあると思っている。私は、小林よしのり氏のこの認識力に共鳴して、このサヨク的な人たちを「サヨク人」と呼んでいる。

ロ、サヨク人の精神的支柱はジョンの「イマジン」

さて、シンクロニシティーであるが、この「サヨク人たる者たち」、小林氏が規定した「薄甘い戦後民主主義の国民」は、ほぼ１００％でジョン・レノンの大ヒットした有名な曲の「イマジン」が大好きなのである。

「イマジン」が好きだから「サヨク人」になったのか、「サヨク人」だから「イマジン」が好きになったのかは、鶏が先か卵が先かの議論になってしまうが、私が主張をしたいことは、「イマジン」と「サヨク人」は、本当は同一人物ではないかと思えるほどだということなのだ。（笑）

では「ジョン・ビアンション・レノン」は……あっ、ジョン・レノンはおぞましい思想歌でもある「イマジン」をどのように話して「自画自賛」をしていたのだろうか。今度はマイルズ編「人間ジョン・レノン」から見ていこう。

※

前アルバム(『ジョンの魂』)に入っていた「ワーキング・クラス・ヒーロー」や「マザー」や「ゴッド」と同じようなものなのです。しかし、前のアルバムはあまりにリアルすぎて、誰も認めませんでした。ラジオで放送禁止にもなりました。でも、「イマジン」という歌はこう歌っているのです。〝宗教もなく、国もなく、政治もないことを思い描いてごらん〟と。このようなステートメントは、実を言えば共産主義者が口にすることなのです。私は特別に共産主義を信奉しているわけではありませんし、いかなる運動にも属していませんけれど。「イマジン」は前作と同じメッセージを有していたのです。オブラートでくるんでありますが、そしていま、「イマジン」はいたるところで大ヒットしています。反宗教的で、反国粋的で、反因襲的で、反資本主義的な歌であるにもかかわらず、オブラートにくるんであるので受け入れられているのです。(略)

私たちは彼らの精神を変えなければなりません。大丈夫なのだよ、と伝えなくてはいけないのです。世の中を変えることはできるのです。フラワー・パワーが功を奏さなかったとしても、すべてが終わったことにはならないのです。まだほんのはじまりにすぎません。革命ははじまったばかりなのです。大きな変化の始まりにすぎないのです。

※

コメントします。

「ヒトラーの『大衆は女だ』との発言をほうふつさせる。しかも『革命は始まったばかりなのです。大きな変化の始まりにしかすぎないのです』である。これはちょっとまならない。こと日本においては、ジョンの野心の革命が少しは成功していたんじゃないだろうか。彼は『イマジン』の発表当時に、すでに『イマジン』が人々の心に与える悪影響を知っていたかのごとくだ。ジョンは実は性格は悪いのではないか。それも病的に。

ジョンは『イマジンは共産主義者が口にすることなんです』と説明している。彼はそれでも自分は共産主義者ではないと話しているが、一方で彼の多種多数の曲の中で、メインデッシュにあたる『イマジン』は共産主義の歌だと説明している。自らは共産主義者ではないが、自己からのメッセージは共産主義の賛歌であると……理解不能だ」

ジョンは「イマジン」を、こうも指摘している。「『ゴッド』とメッセージは同じだが、砂糖をまぶして口当たりをよくしてあるんだ。

だから僕はメッセージにはハチミツをかけて、『分かから、せるようにやればいい』ってことさ」

「イマジン」はあの「ゴッド」と何も変わっていないとのことなので、同質のメッセージということだ。「悪魔が来たりて笛を吹いた」あの「ゴッド」と同じ意図なのだ。それから「ハチミツをかけて分からせる」とは上から目線である。無知な大衆に対して「分からせる」技術を磨いて、そのコツが分かったということか。

古今東西ペテン師は雄弁で演技力があって（ペテンをする）精神力もあるというのが原則だから、レノン君は大ペテン師になる才能と器を持って生まれたみたいなもの。

「私たちは彼らの精神を変えなければなりません」と彼は言っているが、実際のところ「イマジン」で価値観や政治信念が変化してしまった人が日本人に多くいた。そしていまだにいる。

9条に固執している人、自分たちの国を自分たちで命をかけてでも守るという、最も大切で高貴なことを軽蔑している人たちが、いまだに日本人の中にいる。「イマジン」で精神を変えられてしまったのだろうか？　「大きな変化の始まりにすぎないのです」とは何を言っているのだろうか。自己中の欲望の思いつきで口から出まかせの言い回しをする、そのやり方にはうんざりだと私は言いたい。

「イマジン」と「サヨクジン」は鶏と卵の関係なのだ。テレビ出演しているサヨク人はたくさんいるが、その皆様方は「イマジン」をユートピアソングと勘違いをしている。サヨク人で、「イマジン」の歌詞を嫌っている人はまずいないだろう。

サヨク人がサヨク人でしぶとくあり続ける、その精神的な支柱にはジョン・レノンの存在があると私は洞察している。特に「イマジン」こそがサヨクをしぶとくしている元凶なのだ。今のこの世界情勢において、いまだに9条に固執したままでＧＨＱ憲法に忠誠したままでいたいという日本人のサヨク人は、魔術師的な「イマジン」の麻酔にかかったままなのだ。戦後のサヨクの「空気」の中には、「イマジン」が流れている。

美しいメロディーとセンスあるアレンジといぶし銀の美声と甘いハチミツ・シロップにだまされて感動してしまい、その歌詞の中にある猛毒までも飲み込んでしまう。なおかつ歌手が元ビートルズの男前にて人気者だと麻酔力は麻薬ドラッグまでパワーアップしてしまう。

「イマジン」を何度も何度も聴いてしまって、潜在意識までも「イマジン」に染められてしまった、哀れな大衆サヨク人がいる。似非の知識人や芸術家、芸能関係者、新聞・テレビ関係者にも、「イマジン」にかけてあるハチミツによって、猛毒を受け入れている方々が多くいる。「イマジン」を聴くと、サヨク人に変身してしまうのだ。

小林よしのり氏の言う「サヨク」とは、ジョンの平和主義やジョンの反戦とほとんど同じ思想になっていることがお解りだろうか。本章「ヨーコの故郷・日本国および日本人に与えているジョンの悪影響」の「1．ジョン・レノンの国防に関する真面目な考え方とは」を読み直していただきたい。腐ったジョンの思想はサヨク人のサヨクよりも過激で、反戦・平和の彼の方法論はサヨク人の親分のようである。この現実を認知していただきたい。

たとえ本人たちが自覚していなくともジョンを最大最強のカリスマとして盲目的信仰に近い状態の人たちがいるのだ。このような人たちは「イマジン」の優しいメロディーに取り込まれて、しぶとく「イマジン」的な理想から離れることができずにサヨク人のままでいる。

私は今までの人生の中でこの「イマジン」の悪口を聞いたことがない。テレビの年輩者の大学教授が「過激な歌詞ではあるが……」と一言つぶやいたのを見たのが1回あるだけだ。「イマジン」やジョンに対しては、ほとんどが褒めちぎりである。昨日もラジオで「王様」という1980年代に人気があった、ベタな日本語で米英の有名ロックを日本語にカバーして歌う歌手の「イマジン」が流されていたので聴いたのだが、ラジオのＤＪは「イマジン」を褒めちぎっていた。

アルバム『イマジン』は、団塊の世代の芸能関係者やミュージシャンはほとんど全員が持っているといっても過言ではないと思う。また、進歩的文化人（もう死語か）と言われていた左翼的知識人にも、貴重なレコード盤になっていることだろう。

このような人々は、ジョンの政治的な世界平和への道の具体案（武装解除。攻められても戦わない）、を素晴らしいとして、これぞ平和主義と思い込んでいたことだろう。サヨク的知識人は「非武装・中立」とか主張していたからだ。サヨク的知識人は、ジョンのインタビュー記事を読んでいるはずだし、あの時代はジョン・レノンの言葉自体が、結果的にはオピニオン・リーダーの考え方として賞賛されていたからである。

4. 彼の潜在意識は日本滅亡を狙っている。それはイルミナティとマルクス

イ、親日家ジョン・レノン

潜在意識とは表面上に現れずひそかに隠れていて、自覚されていない意識であり、ほぼ無意識と同意語である。ただし潜在意識という言葉のほうが霊的な深い意味や転生輪廻までを入れやすくなる。

ジョン・レノンは親日家である。それは愛する妻が日本人であり、日本の文化芸術に興味をそそるものがあるからだ。そのような顕在意識の作用が働いて親日家になったのである、というのが普通の見方だ。

心理学者は表面意識から潜在意識へつながるバイオフィードバック現象（潜在意識にも親日面はあったが、それは顕在意識の発動によって点火されたものであって、親日家となったのは先天的潜在意識と後天的顕在意識の両輪の動きのため）が、彼を親日にした主成分と思っているだろう。

しかし私の仮説はもっと深い彼の意識下の無意識にて、奥の霊的な潜在意識にて、さらに転生輪廻の魂的な潜在意識からの感情が意識となり、彼に日本人女性を妻に選ばせ、日本の伝統芸術を好み理解して親日家へといざなったというものなのだ。

転生輪廻があるなら、彼の魂の地層からのエネルギーの傾向性が親日家と自然となりえるスチュエーションをつくることを行い、潜在意識の命令によって親日家となったのだ。なおかつラブ&ピースを自らのキャッチフレーズに持ってこさせたのも、この魂的な潜在意識によるものと仮説を立てたのである。

ジョンは自ら進んで親日家であることを包み隠さず伝えている。計画的に表面意識の活動として親日をアピールしているようである。

これらの親日アピールの表面意識のもとには無意識があり、それが人の自我の構造を決定させていく（ここでは親日家のジョン）。私はジョン・レノンの無意識の、さらに底に

アルバム『ジョンの魂』のジャケットのスケッチ

ある潜在意識を良いものと思っていない。彼のキャラクターの質には、かなり問題があると思っている。

1975年10月に発表されたベストアルバム『シェイヴド・フィッシュ～ジョン・レノンの軌跡』。同アルバム・ジャケットのやや左上に日の丸があり、そして歌詞カードにも大きく日の丸が掲載されている。シェイヴド・フィッシュとは鰹節のことで日本独特の食材だ。元ビートルズの大スターであり、世界の人気者のジョンが行っていることなので、すべての日本人がうれしくなる。彼の好感度は上がるだろう。これでは日本人の大衆から彼へのイメージは大幅にアップしてしまう。

アルバム『ジョンの魂』のジャケットである。どこから見ても牧歌的で天国的なイメージだ。1980年代に発売されたCD『ジョンの魂』のライナーノーツと歌詞カードには、親日アピールはない。

しかし、2000年に新たに再発売されたCD『ジョンの魂』のライナーノーツと歌詞カードが豪華になっているのだ。表紙をめくるとなんということだろう、「和服姿のジョン・レノン」が立っている。また日本人妻ヨーコとの仲良しピンナップが数枚ある。ヨーコの手書きにて「ジョンの魂に耳を傾けて！」と記入され、その横の写真では「指でサタンのマーキングポーズ」をしたジョンとヨーコの写真がある。和服にてラブリーなツーショット写真、そして最終ページにはピースマークをしたジョン。さらにCDをCDケースからはずすと、その下には「大きなピースマーク」がある。

親日家アピールで和服姿のジョンとヨーコ、
アルバム「ジョンの魂」にある写真のスケッチ

これらは全体として視覚のイメージから「ジョンとヨーコは平和の使いで、二人はラブラブで超親日家」を宣伝することができているのだ。ヨーコのインタビューまで入っていて、ヨーコ演出によって、ライナーノーツと歌詞カードが作り直されたのが解る。

このアルバム『ジョンの魂』の内容は、平和からかけ離れているものなのに、ジャケットも含めてイメージだけは平和にしているのである。

このようにジョンとヨーコをパッケージ化して平和の包装紙に包んで飾って世間に売り出すやり方をあみ出していた。ジョンが死んでからは、ヨーコだけでその戦術は続けられているようである。

しかも、この戦術というか戦略は効果があったと思う。この社会（特に日本において）では、ジョンとヨーコの平和の使者のイメージは定着した。いまだにこのイメージは独り歩きをしていて払拭できずにいる。

しかし、実際の現実を見ると、ジョンとヨーコのような自称平和主義者は、ただ自分たちのことを平和主義者と自慢しているだけで、実質上は何も平和に貢献していない。ジョンの平和主義では悪い軍事力（攻撃や支配を目的としたもの）を増幅させるだけである。反戦と叫んで武装解除を求め、防衛を怠らせることになるので、軍事力で脅して利権を得ようとする国や組織の立場で見たら、こんなありがたいことはない。軍事的行為を使用してでも、侵出できるならば行いたいと内心では秘めている国からみたら、こんなうれしいことはないだろう。ジョン的な自己満足サヨク独りよがりセンズリ左巻き平和主義者が戦争を呼びこもうとしているのだ。人々を平和ボケにさせるジョン的なるものは、平和をつぶす平和の敵だ。

「非武装・中立」などのジョン的平和主義、平和ボケは本当に危険な思想だ。平和の敵は、実は平和ボケなのだ。平和ボケほど最も平和から遠いものはない。ジョン的平和主義者である「非武装・中立」を主張していたサヨクは、平和に貢献をしたことがあるだろうか？こじらせてきただけだ。ジョン的平和主義者は、イメージだけは平和でも、中身は灰の詰まったヒョウタンじゃないか。自分のことを平和主義と思っていたいだけの「非現実的、自己満足平和主義者」でしょう。

また先程のアルバム『ジョンの魂2000年版』の豪華に改訂されたライナーノーツと歌詞カードのことだが、「日本人妻を大切に扱うジョン」の写真が多数、世界のロックスターが和服をラフに着ている写真が数枚・掲載されていて、ここまでやられたらもうこれはプロパガンダだ。

これらはすべて考えられてセッティングされたもので、ビジネスの視点で考えたら当たり前と言えば当たり前だろう。他のミュージシャンでも、アルバムで使う写真やデザインはセールスのための戦略道具と考えることが自然だ。つまり、同アルバムのライナーノーツと写真は「ジョンが親日家で平和主義であることをアピールしたい」という目的の元で存在しているのである。

政治的(共産主義とイルミナティ思想)なメッセージは、ハチミツをかけて(毒に偽善をまぶして、素敵なメロディーで運ぶ。豚と真珠は同じケースに入れる)「分からせてやる」ようにやればいいということだ。そのハチミツのキャッチコピーは「ラブ&ピース」。彼が自ら作り上げた、彼の「ラブ&ピース」のイメージこそが、彼の潜在意識にある最恐の武器なのだ。

ロ、彼の親日アピールによって日本が危機に

ジョン・レノンはいたるところで親日アピールをしている。それは表面上は日本人を平和ボケにして滅亡させるためではない。顕在意識では、日本人から好かれたいとか、アル

バムのセールスを伸ばしたいとか、ヨーコへのご機嫌取りとかだろう。一方で、本当に日本文化の中に好きなものがあるからなせる技術でもある。顕在意識のジョンの親日宣伝の動機には、それほど罪深いものはないのかもしれない。

しかし彼の人気は拡大し、彼への好感度が増して、一部の人は信念の意思になった。結果としてサヨク人だけではなく、サイレント・マジョリティーから人間ジョン・レノンの人気は上がり、「イマジン」がユートピアソングと思い込まれて支持されていった。

それによって彼の政治信念である、武装解除による平和(ジョンも非現実的と言っているが、しかし試す価値はあるとも言っている)までも支持するようになった日本人も多い。確実に「イマジン」で国境を守る意思は国民全体でみても弱くなった。これが領海問題等も悪化の一途の要因をつくったのだ。このようなジョンとヨーコの親日作業により日本人はジョンが大好きになり、その結果で平和ボケを好み、現実を直視しないまま滅亡の危機さえもあるのだ。

竹島が侵略されても、尖閣諸島が占領されそうになっても、サヨク人たちはあまり大切な日本を守ろうという気持ちにならないで9条をしぶとく支持している。9条を支持していなかったとしても、改憲に積極的になれないサイレント・マジョリティーはピーターパンのような大人になっている。このような国民の人の中にはジョンはラブ&ピースの芸術家なんだと思い込まされている人が多数いる。自称ラブ&ピースの彼だが、ジョンの歌詞や心情を受け入れることで、平和が壊され愛が通じない世界を作ってしまう。

もしいまだに9条を支持していたり、改憲に積極的な思考ができないのであるならば、試しに一度ジョン・レノンのことを大嫌いになってみてはどうだろうか。9条を支持するパワーが減り、自主独立の魂が復活してくるだろう。

ではジョンの性格を、以下の文章のように思い込み認知することから始めてみよう。

「イマジン、オール・ザ・ピープル！　ジョン・レノンは気分屋、情緒不安定で病的に自己中。ジョンは欲が深くドラッグ中毒者で、フリーセックス主義で全身が腐っている！　彼は物を盗んでも反省せず逆に自慢をする。彼は弱い者いじめが大好きで偽善者で嘘つきだって、思ってごらん」。

強くこの事実を認めてみよう。真実の彼をイマジンしてみてほしい。心の中に変化が出て来たでしょうか？　その変化とは「9条こそが戦争を呼び込む戦争憲法だ」ということに気づくこと。そして「1秒でも早く狂気の憲法前文と9条を改めて、まともで常識があって大人の本気の平和主義の国に日本を変えなければならない」と思うようになることだ。

それでは親日家ジョン・レノンの逸話をいくつか紹介をしていきます。ヨーコは、出会ったころのジョンは日本のことを嫌っていたと話している。

「ジョンは日本のことを憎んでいました、なぜならリバプールの繊維産業は、日本の繊維製品が安い値段で市場を荒らしたことで弱体化したからです」

これは眉唾の話だ。ヨーコは「ジョンは私に会ってから変わった」と言うことが好きな人だ。もともと彼が日本を憎んでいたかは「？（疑問）」なのだ。

逆にこんなレポートもある。「ジョン・レノン　その生と死と音楽と」（KAWADE夢ムック・河出書房新社）から。

「1965年、日本人である私にジョンは『すもう』『ウキヨエ』と言ってくるわけです。不思議に思って『どうしてそんなこと知っているの』と聞いたら、彼は『美術学校へ行っていたんだ。友人がたまたま東洋美術を選択していて、日本の話を聞いて興味を持ったんだ。実際に見たことはないけど、日本へ行ってそういうのを見てみたいんだ』と言うんです。『わび』『さび』だとか、私のほうで質問しないでくれって感じでした（笑）」

「1966年にビートルズが来日した時にジョンは『せっかくの憧れの日本に来たのだから、あっちこっち行きたいし、京都にも奈良にも行きたい。寺にも美術館にも行きたいけど、ここから出られないんだ。だから今回はあきらめる』と言って、非常に寂しそうでした。そして彼は日本の民謡に非常に興味を持っていました。他の3人のビートルと比べて、ジョンの親日ぶりは目立っていた」

彼は10代後半から日本に興味があったことが分かる。まだヨーコの影もなかった頃である。ジョンは学生の時から東洋の神秘、特に日本に憧れていた。

さらに、日本の古美術品販売の「羽黒洞」の店主は、ジョンが来店した時のことを、こう話している。

「彼はそのうちに芭蕉の有名な俳句『古池や蛙飛びこむ水の音』の短冊を見つけると、目の色が変わったんです。『ハウ・マッチ?』と聞くから『200万円』と答えると、『OK』

と言う。こういう類のものは他にあるのかと聞くから、良寛や一茶の短冊を見せると、見るものことごとく『ＯＫ、ＯＫ』と言うんですね。俳句の心が分かるのかなあ？　と私は疑っておったのですがね。大事そうに抱いて常に抱いて離さないんですねえ。おかしいなあと思っていたんですが、こう言うんですよ。『私がこれらを買って海外に持っていくことを嘆かないでくれ。私は芭蕉の句のために、ロンドンに帰ったら日本の家を建て、日本の茶席を作り、日本の庭を作り、日本の茶を飲み、そして床の間にこの軸を掛けて、日本人の心になってこの芭蕉を朝夕に見て楽しむから、どうか同じ日本人に売ったものと思って嘆かないでくれ』と。うれしかったですねえ。良い人に買ってもらったと思いました。その後はなかなか会えなかったですけど、全世界に通じて大変な人だったんですねえ。日本人だって分かりゃしないものをちゃんと知っていた。博物館の人間でも分からないものを見抜いていた。まあ大した鑑識眼ですよ。言うなれば神様だねえ。神様」。

こんな感じでジョンを「神様」と呼び、彼を崇拝している（神を否定する神様はいないかと思われるけれど）。

では、彼は実際に誠実に話をしたのだろうか？　彼は「ロンドンに帰ったら日本の家を建て、茶席と日本庭園を作り、床の間に軸を掛けて、この芭蕉の句を朝夕に見て楽しむ」と言っているが、１００％嘘だろうと私は思っている。

ジョンが帰るのはロンドンではなくニューヨークだろうし、彼が朝夕にて芭蕉の句を見て楽しんでいたという噂でさえ一度も読んだことがない。だいたい、彼が日本式の家と庭園を建てたならば、ニュースとなって伝えられ、これも親日アピールに使われるだろう。そんなことを一度も聞いたことがない。全部嘘ばっかりだ。演技力抜群の気分屋のリップサービス、もしくはジョンはこの店主をバカにしているよ。

オノ・ヨーコとは前衛アートの世界での付き合いが長い飯村隆彦氏（映像作家）は、ジョンと会った時の印象をこう述べている。

「ジョンはとても頭の回転が速くて、何にでもすぐに反応して、言葉があふれ出るような感じで、とても気さくで非常に陽気な人でした。ストレートにものを言うし、それはヨーコに対しても同じでした。インタビュー中にオッパイの写真がプリントされたTシャツを着て、自慢をしたりおどけたりしていまして、ユーモアにあふれていて、ちょっと子どもっぽいところもあって、アクティブで快活で活発なところがありました」。

コメントします。

「ジョンは、気分の良い日や調子のいい日はこんな感じで、頭の回転も速いだろう」。

ジョンとヨーコと息子のショーンは、夏の日々を軽井沢で数日過ごしている。その時に泊まった「万平ホテル」の会長は、彼のことを思い出してこう感想を述べている。

「僕の心の中にある、良き時代の軽井沢の中で、一番にいい人ですね。軽井沢もあの頃が一番良かったような気がするんだな。１９７０年代のこの街の風景に、彼は自然に溶け込んでいましたよね。僕らとの間にも、エアーカーテンも何もない状態のように僕は感じていた。だからお客さんでありながらお客さんでない、そんな人でしたね。あれだけ騒がれたミュージシャンという虚像は別のところへ離れていて、それはあくまでビジネスだろう、僕が今会っているのは人間同士というフィーリングがいつもありましたね。

まだその辺にいる気がしますね。自転車の後ろにショーン君を乗せて、ホテルの正面玄関からロータリーを行ったり来たりして、ショーン君は喜んで……。赤とんぼと自転車とショーン君と彼。私の中にあるイメージなんですよ。夏になると思い出しますね」。

コメント。

「いろいろな意味で万平ホテルの会長さんが、彼を中傷するわけにはいかないだろう」。

美術家、グラフィック・デザイナーの横尾忠則氏は、ヨーコから自宅の電話番号を教えてもらって、彼の自宅へ遊びに行ったことがあるそうで、その時の感想がこうだ。

「僕の、精神的リーダーはジョン・レノンでしたね。いつもジョンが前を、暗闇の中を懐中電灯で、足元を照らしながら走ってくれて、僕なんかはその足の光を見ながら走っていればよかったわけですよ。ジョン・レノンは、地球の持つ低いレベルの波動から、すごく高いレベルの波動の世界に行ったのかもしれないですよね。もっと違う惑星にいったんじゃないかな。そんなふうに考えられる気もします。(ジョンの自宅へ横尾氏が遊びに行った時)写真を撮って欲しいと言ったら、二人ともすごく協力をしてくれていろんな面白い写真を僕にとらせようと協力をしてくれるんです。その写真にサインをしてくれました。帰りにたくさんのお土産をもらって、Tシャツを、4枚もらいました。あとはレコードを2枚と、ヨーコさんが出している新聞、どこかのパフォーマンスをやった時の記事が載っている、要するに自分たちの新聞です。そういうものをずいぶんたくさんもらいました。全部サインしてもらってね。それから表に出て、今度は僕のほうでお迎えするから日本で会いましょうと言うと、ジョンは靴も履かないまま裸足のまま、穴の開いた例の靴下のままで表通りまで送ってくれて、タクシーを止めてくれました」。

コメントします。

「ジョンの彼らしい親日活動において、レノン・ファンが大量発生をしていた。しかし横尾忠則氏の反応はちょっと異常な気もする。『ジョン・レノンは、地球の持つ低いレベルの波動から、すごく高いレベルの波動の世界に行ったかも分かんないですね。』と言っているが、その彼が死後に行った惑星の名前は『地獄』じゃないですか。実際の彼の性格を何にも知らないのだろう。ジョンはハーメルンの笛吹なんだって！」。

このようにジョン様は親日ぶりを発揮している。彼の親日エピソードは、まだ多々あるようで本当に心からの親日でもあったようだ。それが雑誌に掲載され、読んだファンからファンへと独り歩きをしている。

しかし彼は、アルバム『イマジン』で「兵隊にはなりたくない」など、結果論で「呼戦歌」を歌っている。彼が親日にて人気があるがゆえに、彼の死後の今日であっても、彼は反日活動を実質上では行っているのと同じだ。彼は今でも「サヨク人の神」として君臨をし、反日活動をしているのと同じなのだ。

報告程度だが、外国人が書いたジョンのエピソードには、彼が親日家だったこと等は掲載されていない。ジョンが親日ということがタブーなのか、スルーなのか分からないが、私は全く読んだことがない。もしかしたらジョンも外国人の前では、それをアピールしてこなかったのかもしれない。先ほどの彼の親日エピソードもすべて日本人によって書かれているし、それらは実話ではあるのだが、〝レノン・ヨイショ〟を意図に作られている。

アルバム『ダブル・ファンタジー』の始まりは、「チーン、チーン」という仏壇での音からだ。しかし彼は日本の名を出さずに「願い事をするときに使う音」と世界のメディアには説明している。アルバム『ジョンの魂』の始まりの音も、日本人の耳には完全に〝除夜の鐘の音〟に聞こえるが、彼は世界のメディアに対して「あの音は、ミキサーで周波数を落として作った」と説明をしている。どうやら彼の親日ぶりは、ＴＰＯによって言い回しや伝え方が変わるようだ。

ただし、日本人の耳では1億人が、「ああ、この音って」と思うように工夫がされている。このように彼は親日家で、さらに日本人に対してはかなりはっきりとそれが分かるように工夫をこしらえ宣伝している。彼が親日であったことを日本人が自覚すると、日本においてはジョンの人気が上がることになる。もちろん、彼はこれを狙っていた可能性がある。

ジョン・レノンのコアな信奉者が出来て、彼の人気が広く広がれば広がるほど、日本が滅びるリスクは高くなる！　サヨク人の粘り強さの根拠の一つに精神作用としてジョン・レノンの存在がある。いわばジョンはサヨクの神なのである。透明なジョン・レノンが日本列島に片膝をついて寝そべっている。だから「サヨク人まではいかないが、保守の意味も知らずリベラルでもないサイレント・マジョリティー」が、この世界情勢や日本近隣の反日国家の発言や行動の中、あまりにも動きが鈍く、平和ボケという平和から最も遠く平和を壊して戦争を呼んでしまう精神体質のままなのだ。

それは敗戦後の日本の大衆文化において、最大最強のカリスマ、ロックンロール・アーティスト・親日ジョン・レノンの間違った似非平和主義の、日本人への洗脳のせいではないのだろうか。そして、ここまでのことを彼の顕在意識すなわち表面意識でやれることではないと私は思っている。

ハ、彼は口では親日反戦平和と言うが、心ではアンチ・イエスそして戦争へ

私は、ジョンの顕在意識が本気で日本の滅亡を願っていて「イマジン」を作り、「日本人を妻にして超親日」になったとは思えない。なんだかんだ言ってもヨーコを愛していたと思うし、ジョンは「すっごく、ヨーコから愛されたい！」と思っていたことは、嘘偽りのないことと信じてあげても良いとは思っている。

しかし、人には誰でも無意識のうちに働くナビゲーション・システムのような潜在意識が

あると言われている。「日本という世界平和のポイントとなり得る国家を弱体化させ、滅亡へのレールを作らせる」という方向にジョン・レノンの存在が確かにある。彼にこの結果論を伝えたとしたら、ジョンは感情的に表面意識では否定し、「遺憾」だとスクリームするだろう。

ドラッグとフリーセックスに漬かり、神仏を否定してイエスを中傷し続けてきた彼の人生において、彼がいかに親日とラブ＆ピースの〝着物〟を着ていても、彼の虚構の平和主義は芸術的マルクス思想とイルミナティ主義なので、結果的に激しく日本にとって迷惑な存在になっているのである。この現実を主張できる人がいまだに少なく、ほとんどゼロなので、私が本書によって日本人の感覚を正常に戻したいと思っている。

日本人には特に理論面ではなく、精神面、感情面においてジョン・レノンの闇が広く深くしみついていると思われる。よって、もしかしたら自分はジョン・レノンの芸術パワーで、偽善にだまされているのではないかと自己覚知していただきたい。ジョンの思想は「イルミナティとマルクス」だと気づいて欲しい。

日本ではジョンのことを褒めてばかりだが、それは危ない。1960年代にはマルクス主義をユートピア論として信じていた人々が多くいたが、今でもジョンの芸術パワーのせいで、サヨク人たちをしぶとくさせ、いつまでたっても独立自尊の国家への道に目覚めないサイレント・マジョリティーがいる。それは理論面からの要因ではなく、精神面、感情面からの要因になっているはずだ。

私はジョン・レノンのファンでビートルズのファンだった。だからこそジョンが人々に与えた香水とハチミツをまぶして飲み込みやすくして与える、その毒入りドリンクの怖さをよく知っている。今でも彼のロックの才能には酔ってしまいそうだ。

特に私は「ストロベリー・フィールズ・フォーエバー」や「ルーシー・イン・ザ・スカイ・ウィズ・ダイアモンズ」など、彼独特の半音上がったり下がったりをさせながら、蝶が舞い飛ぶがごとくのあのメロディーラインがとても好きだ。そして突然に強風が吹いて飛び上がり舞い上がったりする、あのメロディーには感動と興奮さえもしてしまう。私も音楽をやるので彼の才能はよく理解できる。

しかしその才能というパワーには、マルクスの精神（マルクスもアンチ・イエスの人だった）とイルミナティの精神（宗教と国家の全否定。ワンワールド世界政府独裁主義）が入り込んでいる。彼の作品と彼の親日ぶりによって、知ってか知らずか日本を似非平和国家のままにさせられている強大なインフルエンスを発揮している。

足が大地についた平和国家を目指すべきなのに、それが時代のニーズのはずなのに、国民の十数パーセントが、この日本を独り立ちさせないようにするために作られたマッカーサー憲法に、いまだ執着をしている。また日本独自の憲法作りに積極的になりえていない。

今でもビートルズのファン、そしてジョンのファンは多い。ポール作の曲は聴きやすくビートルズ・ファンへの入り口として入りやすくなっている。ビートルズ好きになれば、ジョンの歌も同時に聴くことになるが、そのうちにジョンの芸術パワーで、彼の魂の影響下にひかれるようになってしまう。

ハウスハズバンドを5年間していたといわれているが、ハウスキーパーを雇っていたり、ジョーン用のメイドのような人を雇っていたりしていた。3人家族でこのような人たちを雇っていて、ハウスハズバンドとしてのジョンの役目はあったのだろうか。

365日×5年間、毎日ジョンがハウスハズバンドをしていたと私は思えない。彼は簡単に嘘をつくからだ。音楽活動をやめていた5年間のジョンの中心的な活動がハウスハズバンドだったとは不可解なことだろう。彼の性格からそれは不可能なことではないかと推測する。よって、ハウスハズバンドをしていた時期があったとか、年間のうち数日くらいはハウスハズバンドをしていたとか、ショーンが赤ちゃんの時だけ少しやってみた程度というのが真実ではないのか。

世界のロックスターが愛する息子のためにハウスハズバンドをしていたとは、イメージが上がるだろう。ちょっと良い人みたいでカッコも良かったりする。これらもジョンとヨーコが二人をカップリングして宣伝をするやり方の上手なところだろう。

アルバム『サムタイム・イン・ニューヨーク・シティ』に収録されている「女は世界の奴隷か！」は女性解放運動の歌であるし、ハウスハズバンドをやっていたというのは、女性から見た場合、人間ジョン・レノンの素晴らしさということになるのかもしれない。

ジョン・レノンには自己をアピールする宣伝能力の才能が芸術的にあった。それは上手というか巧妙なレベルの高さのセンスを発揮するときもある。非常に狡猾であるという言葉を使いたくなるくらいだ。

彼がもしも1980年に暗殺されず、健康が維持できていたら、世界ツアーをヨーコと行っていただろう。それは1980年の10月には計画段階に入っていた。その世界ツアーのスタートはヨーコの故郷である日本からの予定だった。世界ツアーを行うにあたって、そのバックバンドがビートルズ大好きバンドのチープ・トリック（「アイム・ルージング・ユー」のレコーディング・セッションに参加している）という噂まで流れていたのである。

私は当時、友人と「何が何でもジョンのコンサートへ行くことを優先順位の1位にする」と決めていた。しかし、あのようなことになり、ジョンは「スターの凍り漬け保存現象」になってしまった。

そして、彼への同情は募り、彼の人気はウナギのごとくに上がっていった。彼の死により、彼の悪見思想までも凍り漬けのように残存していくことになったのだ。

そして今でも、彼は日本最大最強の大衆民主主義のカリスマであり続けている。知名度は若年層から徐々に低下をしているが、サヨク人の神的存在というか「サヨク人のサヨク主義の精神的、感情的支柱」の中心にあるカリスマなのだ。ジョンの影は見えないが、強大なタワーの巨人のようにそびえ立っている。この巨人は「ものみの塔」のようになり、ジョンの魂の影が日本に呪いをかけているのだ。もしもサヨク人や「薄甘い戦後民主主義市民グループ」がジョン・レノンを好きなままでいるなら、この呪いは溶けないだろう。（偶然ですが、ものみの塔と言われた「エホバの証人」も、剣道や柔道は、戦うことの奨励になるので禁止になっていました。憲法9条やジョン・レノン主義と似ております。）

ジョン・レノンの音楽は、すでにフランス料理のフルコースのように出来上がっている。例えばドリンクは、炭酸入りでも100％果汁でもビートルズ初期の彼の快活なロックやスローソングだ。コショウはジョンのエスプリだ。前菜は『リボルバー』や『ラバー・ソウル』だ。ご飯やパンは「ビートルズ時代のシュールレアリズムの曲」だ。それは新しい味わいが堪能できる主食で、デリケートな味付けは高級感までもある。

メインデッシュの名前は「イマジン」と呼ばれ、またの名を「ゴッド」とも呼ばれている。このメインデッシュには最高の見た目と最良の香りと、食べたら〝癖になる独特の味付け〟がしてある。このジョン・レノン・フルコースのメインデッシュの「イマジン」は噛めば噛むほど味が出てきて、中に隠れている食材「ゴッド」まで噛んで舐めて美味しいと感じるようになる。メインデッシュの「イマジン」には、ビートルズ後期のスープがよく似合う。コクがありサッパリ感もある。

しかし、このメインデッシュ「イマジン」を食べてしまうと（感動してしまうと）、ゆっくりではあるが確実に潜在意識がサヨク色に変えられる。国民が「イマジン」に侵されると、国家までもが侵食され、国を守る気概は内側から弱体化されてしまう。「イマジン」を多くの国民が食べ続けたならば、その国は滅びに至るであろう。

そしてデザートは「ジャスト・ライク・スターティング・オーヴァー」である。食後のコーヒー、紅茶には『ジョン・レノン・アンソロジー』が合いそうだ。

真面目な話で国境をなくしたら日本においては特に地獄になってしまうだろう。朝鮮半島から中国から、反日の人たちがどっと押し寄せてきて、日本国内はとんでもないことになってしまう。私たちの日常の生活で最も大切なものの一つが国境なのだ。国境がなくなったら治安も崩壊し、職業も取られてしまう。また大和民族が解体してしまう。国境をなくしたら戦争がなくなるというのはサタンのつぶやきだ。国境をなくしたらユートピアが来るなんて歌っている人はドラッグ中毒で酩酊状態になっているだけなのだ。

宗教をなくすということは、伝統の破壊や保守の破壊や多様性の破壊になる。宗教はプラス面も確実に存在する。宗教によって人間は守られ精神的に多少は進化を遂げ、モラルの崩壊を防いだ感もある。特に宗教は人類の努力で素晴らしいものにしていくことが大切だ。宗教がない世界をイメージさせるということは、仏教も儒教も道教も日本神道もキリスト教もユダヤ教もイスラム教もヒンズー教もゾロアスター教もない世界を良しとしていて、それを願っていることだ。これは「イルミナティの主張と同じ!」である。

宗教も現場では人がやることだから、美しい点、良い点、しっかりしている点、勉強になる点、参考にすべき点、劣っている点、悪い点、危険な点など、宗派や分野においてもいろいろあるものだ。しかし極端な考え方は悪であり、中道こそが王道であるというのは古くからの言い伝えられている智恵だ。ジョンは独断と偏見が激し過ぎるのである。

宗教はこの地球の宝だ。宝は磨かなければならない。どれも捨てずに大切にして奇麗にして、使い勝手の良い機能美を備え、工夫して光沢を出させるのが地球人の仕事なのだ。宗教をなくすなんて、こんなもったいないことはないのだ。その宗教の光は、それぞれの個性を伴い輝けば未来を調和させるエネルギーとなる。

そして天国がなかったら、この三次元の意味はどうなるのか？　考えてみてください、私たちのような善良的な一般国民は、どれだけ天国論地獄論に生活を助けられてきているかを。死後の世界に地獄がないとしたら、悪人は丸もうけではないか。この三次元の世界で悪いことをする人がますます増えるだろう。さらに、行きつく先は極悪人が増え、その結果、可哀そうな被害者や遺族が増える社会になってしまうでしょう。

しかし改めて「イマジン」の歌詞は、とんでもないと思う。ジョンが人類なんか滅んでしまえ！　と呪いを掛けているかのごとくである。歌詞に出てくる美しいイミテーションゴールドの狡猾さにいたっては、天国的イメージの事柄を歌詞に取り入れている。この歌詞は恐い。毒へビの恐ろしさを減らすには、このへビには毒があると認識することから始めるべきだ。食虫植物に食べられないようにするには、この似非の花は美しい見た目と香りがあるが、食虫植物だと認識をするべきだ。

日本人の皆様、また世界の皆様、もしかしたらジョン・レノンの人気と悪影響のせいで、日本が滅んでしまうかもしれない。最近では、日本のことを認めていただいたり、好んでくださったりする世界の人々が増え、ありがたく思っている。日本人妻ヨーコを愛し、親日家であったということにも相まって、日本人はいまだにジョン・レノンが大好きなままでいる。

日本人は彼を鵜呑みにしてしまって、彼の悪影響に心が置かれているので、心が大人になれないままにされている。どうか人間ジョン・レノンの問題点でも日本人に会ったら伝えて説明をしてあげてほしい。どうかジョン・レノンからの呪縛から日本人を解放させてあげてほしい。イマジン！　そう思い描けば、それが言動となって、そうなっていく。

間違った似非預言者のごとく、間違った似非平和主義という悪見思想を日本に広げたのがジョン・レノンなのだ。マルクスも悪見思想を世界に広げた。マルクスは人生において一人も人を殺していないだろう。しかしマルクスの悪見思想のせいで、どれだけの人々が殺されたのだろう。

「マルクスは書物の力で、ジョンは芸術の力で、悪見思想を広げた」

仏教によると、一番に深い地獄に赴く者は世間に悪見思想を広げた人と言われている。すなわち悪見思想が広がると人々の価値観や思想信念が変わる。すると人々の行動が悪く変わり、時代も悪く変わる、政治的、文化的な言論も変わる。そうしているうちに社会も世の中も悪く変わってしまう。ジョンの悪見思想の広がりのせいでどれだけの悪い結果が出たのだろうか、また出てしまうのだろうか。

結果論として、「マルクスもジョンも大した変化はない。もしも二人をヌードにしてダンスを踊らせたならば」。

彼は歌った「アイム・ア・ルーザー」と。確かに霊的な意味では彼はルーザーであろう。彼は正直な表現をして歌っていたのだ。自分は負け犬だと。魂の負け犬に追従してはいけない。霊的な負け犬を精神的支柱にしてはいけない。魂の負け犬の政治信条を参考にしてはいけない。

第五章　ジョン・レノンへのプレリュード

1. 彼はマジで「自分はイエス・キリストだ」と宣言しちゃってるんです

イ、記憶を取り戻した私

前述したが、ユング派の日本人心理学者がジョン・レノンの精神を解明しようとした「Ｍｏｔｈｅｒ 心理療法からみたジョン・レノン」という本に私はとても関心をもった。同書にはジョンが自ら救世主宣言をしていたことが記載されていた。

「時が経った今でこそ、公共広告機関で愛情豊かな家族や夫婦のモデルとして、ジョンとヨーコが出たりしたが、当時の事情ではあまり褒められた二人ではなかったし健康的なカップルでもなかった。二人ともヘロイン中毒で、ジョンはクスリをやり過ぎたある夜、ビートルズのメンバーを呼び出して、『俺はイエス・キリストだ！』と宣言し他のメンバーを唖然とさせた」

ユング派の医者でビートルズのフリークでジョンに憧れている人が書いた本である（ジョンがサタニズム的な人間であることまでは見抜けてないように思われる）。

そして彼が「俺はイエス・キリストだ」と宣言をしていた文章を読んだ、その時に私は走馬灯のように記憶を取り戻した。

「あった、あったよ。そういえばそんなことが！」と。

日本でもその時ダイレクトにこの情報は入ってきていた。当時のラジオの深夜番組で米英ロックを流すＤＪが話していた。当時は最新でコアなロック界のニュースは、主にラジオのロック好きのＤＪが伝えてくれていたのだ。

私はビートルズとジョンのことに興味があるので、そこのところの記憶力は強いのだ。私の記憶によると、彼の救世主宣言の時期はビートルズ解散直後か、解散に近い時期だ。ジョンが「今すぐ来てくれ！」とビートルズのメンバーに電話を入れたのだ。そして彼の本気さが伝わって、メンバー3人が直行でジョンのところに集まったそうだ（まだ4人の絆を感じられる）。そして3人の前でこう宣言をしている。

「俺はイエス・キリストなんだ」（笑）、さ・ら・に、（笑）

そして、名前までは覚えてはいないが、「ポールがパウロで、ジョージがトマスで、リンゴがペテロ？」だったか？　何しろビートルズのメンバーをキリストの弟子として命名していたと思う。ジョンの側近の一人だけが「ジョンはイエス・キリストの生まれ変わりだ」と信じていると言った者がいたようなことをＤＪは伝えていたはずだ。誰だったかな？全く覚えていないが、幼なじみのピート・ショットンだっただろうか？

彼は何しろまずはビートルズのメンバーに、自分はイエスだと知らせて、そう思わせたかった。ただしジョンにとってラッキーだったのは、ポールもジョージもリンゴも、全く意に介せずだまされなかったことだ。すぐにその場で「ジョン、くだらない冗談はよせ」とか「冗談だったことにしといてやる」「おい！　しっかりしろよ」といった感じの対応だったそうだ。

ジョンが、「俺はイエスだ。お前たちは弟子だ」と訴えても、メンバーは誰一人としてまともに受け取らなかった。それもそのはず、学生時代からの連れであるポールとジョージ、そしてバンドつながりで前々から知り合っていて気が合っていたリンゴだから、本当のジョンのことを知っていてだまされなかったのだ。

何しろメンバーは彼を相手にせず、「君はイエスではない」と悟らせようとして、大きなゴシップにさせずにスルーさせたようだ。たぶん、ポールがリーダーシップを発揮したと思われる。

しかし、クスリの後でも「俺はイエスだ！」なので、救世主宣言をしたということは、彼の本音が出たのではないだろうか。戦略としては、まずビートルズのメンバーに信じ込ませて、そしてメンバーのほうから「ジョンはイエスだ」と言ってもらって、世界から信用を勝ち得ようとしたかったのではないか。彼はシンシアとの離婚の場合でも、それなりに作戦を立てていたからありえるのだ。この件でのヨーコの対応は分からない。ラジオＤＪが話さなかったか、私が完全に忘れているかだ。

メンバーの対応により「ジョンのおふざけ」ってことにして抑え込んだが、彼の欲心は完全に治ることはなく、ニューヨーク時代には、ショーン・レノンの生まれた後々の日々にて、「もしも救世主が生まれてくるならば、きっとロックスターの家を選んで生まれてくるはずさ。だってそのほうが有名になれて効率が良いでしょ」などと発言をしていてショーンを救世主として立たせたいとほのめかしている。

何しろ彼の救世主宣言はこうしてむなしく終わった。彼はポールたちに助けられたのだ。

ロ、麻原彰晃とジョン・レノンの共通点

オウム真理教の地下鉄サリン事件での信者たちの特集のテレビ番組を私は見た。麻原の高弟の人を演じた役者は「尊師のため、この世を救うためならば、悪事を起こして地獄に落ちることをも受け入れる」と泣きながら決意しているシーンを演じていた。

麻原彰晃を救世主と思い込んでいた人は、そこまでも〝悟って〟いた。麻原も自分のことを自分で救世主と宣言をしていたので、本当にそう信じていた弟子もいたのだ。私が今まで世の中を見ていて「救世主じゃない人が、救世主宣言をした場合、その人はサタンへ通じている人なのだ」というパターンがあると思っている。

麻原は数十億人を殺せるサリンを作ろうとしていた。実際にサティアンと呼ばれていた山梨県上九一色村（当時）に巨大工場を建てていて、サリンの大量生産の準備は出来かけていた。世界大戦を起こせる大量のサリンを作ることができるのがもう時間の問題になっているところまできていたのである。

麻原は本気で第三次世界大戦を起こそうとしていた。そして第三次世界大戦の後は、な

ぜかオウム真理教での世界支配というのが、麻原のストーリーになっていたのだ。カール・マルクスの共産党革命の考え方と計画が近いと思う。ジョン・レノンも同じく、「イマジン」を発表して世界中で大ヒットしているときに「革命の始まりだ」と語っていた。

ジョンの場合はドラッグの勢いを借りての「救世主宣言」だったが、こんなにも神仏を恐れない行為をしでかす人は珍しいと思う。ジョンと麻原はタイプこそ全く違うが、質においては同じものを持っているのだろう。魂の質において悪人のレベルでは、どちらも三下ではないようだ。彼らは珍にして中身は極悪で、彼らの魂には悪魔的なものと通じるものがあるのだろう。彼らは嘘でも何でも、もしなれるのであれば、救世主ということで成り上がりたかった。ジョンにとっても麻原にとっても、出世欲や名誉欲の最たる名称が「救世主欲」だったのではないか。まあ所有欲や物質欲や金銭欲の最たるものの名称が「世界支配欲」かもしれないが……。

ジョンはビートルズの大成功による名声により、うぬぼれてしまったのだろうか。出世欲や名誉欲のコントロールが効かなくなって故障してしまった。はっきり言ってバカになっていたが、知能指数だけは高いままであったのだ。

ハ、サタンは神を憎んでいない、嫉妬しているのだ

「サタンは神を憎んでいない、嫉妬しているのだ」とは西洋で作られた格言である。これはなかなかの見識だと思える。日本人ではこんな格言は作れなかったはずだ。ヨーロッパ

人は闇を見つめて、その原因を見抜く能力が高い。西洋からではないとこのような格言は出てこないだろう。

それではジョン・レノンはイエス・キリストを憎んでいたのか？　それとも嫉妬していたのか？　を考えてみることにする。

嫉妬というものは、うらやましいという感情が入っている。ある意味では憧れの対象に対して持つものである。自分もあのようになりたいのだが、自分ではそうなるものがない場合に嫉妬心というものが出てくる。嫌いという感情ではなく、自分よりも優れている相手に持つことが多い。嫌いならその人から離れようとしたり、無視したりして対応することもできる。憎いならば相手が自分に憎たらしいことをした場合に、その感情が出てくる。

嫉妬心の場合は、その対象の相手が自分に何ら害を加えていないのに、その相手を嫌ったり、憎み引きずり落とそうとする。よって嫉妬をすると、その相手を無視したりすることができないのだ。相手から被害を受けたのでやり返したというものとは全く違う。むしろ恩を受けたり、優しくしてもらったりした相手であっても、嫉妬の対象とされると積極的に言いがかりをつけられたりする。

「無償の愛の対極にあるものが嫉妬心なのだ」。この嫉妬心とは優れているものや素晴らしいものを積極的につぶしにかかるもので、人間の感情の中で最も悪の強度が強い。

彼の場合も、イエスを意識することをやめたらいいものの、それができない。しかも幼少期からなので先天的である（潜在意識からの発動）。反抗期になると見苦しいほど、仲間を引き込んでイエスやキリスト教への中傷アトラクションを継続的に行い出している。ビートルズで大成功をすると、イエスとビートルズ、キリスト教とロックを対比させてしまう感情思考で理屈を話し出す。ビートルズをやめてからはロックの歌詞に何らヒットさせるのに必要性もないキリスト関係の批判をした単語を入れる。この男はどうしてもキリスト関係のことを中傷していないと気がすまないのである。

このような彼であるが、1曲だけキリスト関係を賛美している単語が入っているものがある。黒一点ではなく白一点である。アルバム『マインド・ゲームス（ヌートピア宣言）』に収録されている「アウト・ザ・ブルー」である。

では、この曲は嘘の感情で作られたものであろうか？　彼は作詞において嘘をつくことはないはずだ。彼がこの詞を作っていたその瞬間は、彼は正直にそう思っていたのだろう。ジョン・レノンの歌詞には、偶然で予言めいていたり、何かとシンクロニシティーがあるものが多い。この「アウト・ザ・ブルー」もそのうちの一つに入る。ちなみに、ポール・マッカートニーの歌詞にも、意図的か偶然は別として、そのような歌詞がある。

そして歌の内容としては、ヨーコとジョン、二人が初めて出会った時のことであろう。ジョン関係の本では、ジョンの控えめな感謝の言葉で詞が作られているとの解説が多いようだ。

英語の「アウト・（オブ・）ザ・ブルー」は〝青天の霹靂《へきれき》〟とも訳されている。この曲の歌詞は、二人の衝撃的な出会いを象徴しているのです。霹靂とは激しい雷のことで、〝青天の霹靂〞とは、思いのほか、度肝を抜かれて腹を立てる暇もないということで、良い事柄を推測させる言葉ではない。ジョンはヨーコとの出会いを喜びと感謝にあふれた歌詞で描いたが、その曲名は不吉な意味でもあるアウト・ザ・ブルーなのだ。ジョンとヨーコとの出会いは良いことであったのだろうか？

そんな「アウト・ザ・ブルー」で、彼は「僕は毎日、主と聖母に感謝をしています」と歌っている。キリスト教徒の場合、主とはイエス・キリストをさすことが多い。イエスに向かって「主よ！　主よ！　われを救いたまえ」と呼びかけ祈ることは一般的だ。聖母とは聖母マリアのことであろう。この曲は、ジョン・レノンが作った歌詞の中で唯一と思える、イエスを賛美する「賛美歌」でもあるのだ。

何と書いたらいいのか分からないが、このようなものも少し出てきているということは、これもジョンに宿る性質の一部でもあるのだろうか。ただ、イエス関係の話や歌詞が多過ぎるのだ。

もっとも、ニューヨーク時代のごく短期間だが、彼はキリスト教原理主義者になっている日数も多少あった。ヨーコも「ジョンはイエスをすごく意識していました。それを取り除いて出来た曲が『イマジン』です」と答えている。「イマジン」が発表される1、2年前には「イエスのような人間になりたい」と言っているし、暗殺される2カ月前のインタビューではキリスト教に入信したユダヤ人の旧友ボブを、「キリスト教にすがった」と上から目線で、難癖をつけている。

このパターンは完全にジェラシーのパターンだ。彼はイエスのようになりたくても、永遠にかなうことはないので、「ジョンはイエスを憎んでいない。嫉妬しているのだ」と言えるのである。彼はエルビスよりも大きくなりたいという野望を持っていた。彼は回想録にてこう語っていた。

「一人じゃエルビスに勝てないと思ったから、ポールやジョージを誘って一緒にエルビスよりもでっかくなったんだ」

彼は実際にビートルズでエルビス・プレスリーを超えたのだが、その後の彼の目標は何になったのだろうか？　エルビスを超えて次に彼が「そいつよりも大きくなりたい」と思った相手、つまり彼が勝とうとしたターゲットは「ジーザス・クライスト・スーパースター」だったのではないだろうか。今度は「ジョンとヨーコ」でイエスより偉大になりたかったのではないだろうか。

「キリスト教はダメになるだろう。僕に都合の良いようになるのさ」

有頂天の時に彼はこう言っている。彼にとって都合の良いことは、キリスト教がダメになること。彼がイエスを超えてイエスに勝つには、キリスト教がダメになると都合が良い。そして、その欲望は幼少期からかすかに発動していて精神の奥に住んでいた。ヨーコに出会ってからの4、5年間は、それを自覚して活動していたのだろう。

それ（イエスに勝つ）が無理だと悟って（悟り「アイ・ファウンド・アウト」）、ダコタ・ハウスに引きこもったかもしれません。

「ジョンとヨーコ」のキャッチフレーズは「ラブ＆ピース」。ロック界のトップに立って世界一の人気者に成り上がったので、そこからイエス超えへとハイジャンプを狙っていたのかもしれない。もちろんイカロスの翼のごとく墜落して、死後は地獄へと赴いたことだろう。何しろ彼のイエスへのこだわりの傾倒は普通ではなかったから。

多数ある中国の格言の中でマイナーなものがある。それは「王の側近にするべき人材は、王の話題をしない人から選べ」である。

政変と戦争を繰り返しながら、王制や帝政での内乱や陰謀の時期が長い中国の歴史の中から出来た格言だけあって、なかなかの教訓だ。この格言の意味は、自ら王の話題を出して、１００回褒めるような人を側近に選んではいけない。１０１回王を褒めて1回注意する人も側近に選んではいけない。もちろん50回褒めて50回中傷する人も失格だ。「側近として選ばれる人は、王の話題を自ら出さずに黙々と仕事をこなし、王の話題が出された場合は普通に褒めて話題を広げない。そしてすぐ仕事に戻れる人」といった具合だ。

過激に褒める人は王のことが気になってしょうがない人か、何か裏がある人。王の話題を多く語る人は良からぬことも内心にある人。王のことを話したがる人は、王にとって危険な人物に変化する可能性があるからじゃないだろうか。

この中国の格言も「嫉妬心」がポイントとなって作られていると思う。ジョンのような人材はまずイエスについて語らないことから始めるべきだったのだ。しかしそれはできずにしつこく揶揄したり、一時期熱烈な信者だったりのパターンで、これらは嫉妬心のパターンである。

二、彼の潜在意識からの流れ

まとめも兼ねて、彼の人生での概略を私なりに次にまとめてみた。

幼少期にすでにイエスを意識していてイエスの像を描く〜〜、仲間を集めてキリスト教やイエスをバカにする〜〜、大成功し始めた頃に「悪魔に魂を売ってきた」と自ら語る〜〜、世界ダントツの人気者に成り上がったら「ビートルズはキリストよりも偉大だ」と語る〜〜、離婚をしてヨーコとのピース活動にて「キリストのような人間になりたい」と言いだす〜〜、「ゴッド」で神仏を完全否定し自分と妻のみを信じると断言する〜〜、芸術的イルミナティ共産思想によって似非ユートピア歌「イマジン」にて悟っているが如くの目つき〜〜、やはり反作用があったのかアルバム『心の壁、愛の橋』を発表し、この時期ジョンは自ら鬱だったと話している〜〜、息子ショーンが生まれてダコタ・ハウスへ引きこもる〜〜、ハウスハズバンドをしていると自ら世界に宣伝する〜〜、親日家としてプライベートをプロデュースする〜〜、「スターの凍り漬け保存現象」〜〜、日本最強のカリスマになりサヨク人の神に成り上がりマジョリティーを平和ボケにさせる〜〜、結果、彼の人生の経路は、日本のサヨク人の精神にしがみつきサヨクをしぶとくさせている〜〜、日本の独立自尊の邪魔！　日本を真実の平和大国に生長させない!!　これにて彼の霊的な意味での人生は終着していて、それが今も続いている。

彼はオピニオン・リーダーとして今でも君臨をしている。これは彼の潜在意識が日本の滅亡を狙っていたという仮説を導き出す（もしかしたら、彼が暗殺されることまでも彼の潜在意識の命令だったのかもしれない）。

ジョン・レノンを動かす、ジョン個人だけでのリビドーはイエスへの嫉妬心である。そのジェラスガイを動かしているのは、彼にとっては無意識的な見えない心的エネルギーで、それは良いものではない。それは悪いものである。こう断定する仮説があっても良いでしょうよ。よって私はジョン・レノンの潜在意識にイエス・キリストへのジェラスガイが生存していると診ている。

2．「イマジン」の制作・発表の時期に、彼は完全にサタンと同化していた

イ、悪魔は白い服を着たがる

私は何回か「悪魔ってのは白い服を着たがるものさ」と言っていた。そのような事柄を掲示板にも投稿をしたことがあった。なぜなのかは自覚しないままで。ただ偽善者たちは

だいたい良い人ぶる。ヤクザの姿をしたヤクザよりも、ジェントルマンの姿をしたマフィアのほうがサタンに近い。またヒトラーだって初期はノーベル平和賞の候補にするべきだと主張をする人がいたくらいだ。本当に悪い人というのは偽善者なのだ。

偽善を行わないで悪魔的な悪事を行うことは、この世では不可能だ。オレオレ詐欺は身内を演じ、結婚詐欺は優しいか口がうまいか、何しろ詐欺がお上手ということは、詐欺をやってのける気概があるってことで、偽善に徹する魂の質の悪さがあるということだ。このような現状を踏まえて、「悪魔は白い服を着たがる」と言っていたのだろう。

世界の人気者であるカリスマ「ジョン・レノン」がディープなドラッグ中毒者で、下半身色情地獄で乱れることを恐れない人で、さらに暴力主義者だって信じられるだろうか？

ラブ&ピースの推進者というのは表の看板で、潜在意識ではサヨク人の支柱となり似非平和思想の首謀者である。彼は平和を愛する国家から防衛力を放棄させ、平和を愛する豊かな国を滅亡させる側の一つのパワーとなっている。これがジョンだって信じられるだろうか？　でも冷静に見れば、日本のサヨクの根っこ、なかなか目覚めないサイレント・マジョリティーの根っこになっている。これが現実だ。

「イマジン」ほどの徹底的な偽善の歌を作り、しかも悟っているかのごとくの目つきで完璧に演じきれる。あの迷いがない開き直り。あそこまでやり切れる人は珍しいのだ。

「イマジン」を歌っている時の、あのビデオのジョンは、深遠な優しさと洞察力があるかのごとくの顔つきで、見事に歌い上げている。

あの「イマジン」のビデオのジョンには迷いが一切ない。それは罪の意識がないからだろう。本人も自覚している共産思想を広げるマルクスの語り部をこなしていても、まったくぶれていない。だからパワーやインフルエンスが強く感じられる。まったく悩んでおらず、人間ではなくなっているようだ？　実際、あの歌詞の内容は「イルミナティの芸術部門の宣伝隊長」になっているのと同じ。彼が人間に戻ったのは、悩みが出てきていた、アルバム『心の壁、愛の橋』の頃から、その頃になると悪魔的なパワーもかなり落ちている。「イマジン」の頃はプライマル・スクリーム療法で洗浄されていたので、救世主ではないのに新イエスのように自らを見せていた。あの頃の彼の写真には「彗眼」のような目つきで写っている。それは物ごとの本質を見抜くといわれる彗眼だ。「イマジン」のビデオでは、ジョンが白いピアノで弾き語りをして歌っているが、「イマジン」のような「マルクス、イルミナティ・ソング」を彗眼で歌えるなんて、あの時の彼は完全にサタンと同化していたのだろう。結局、そのくらいの悪しき偽善と悪しきパワーがあった。なんとすごい演技力！　そしてすごい演出力だろう！　これらは、本当に心が真っ黒になっていないとできないことだ。

これを詩的に説明をするならば……。

「悪魔ってのは真っ黒なんだよ。漆黒の闇だ。ブラックホールのような吸引力さえありそうなんだ。重力場みたいなんだ。吸い取られて吸収されそうになってしまう。一見、真っ黒っていうのは濁っていないんだ。そう迷いがないからカッコよくも見えるのさ。悟っているようにも見えるのさ。だけどそれは完全に自己中になりきっていて、迷いなく黒100%になっているんだよ。完全にサタンと同化しているときはね、彗眼を得ているがごとく錯覚させられる。まるで黒光りしている黒ヒョウさ。悪魔ってのは真っ黒なパワーがあるんだ。その黒は奇麗にさえ見させられるんだ。黒光ってるのさ。偽りの光はイルミネーションのように真っ黒な実態なのに白光しているかのごとくだ。だから本当の悪魔ってのは真っ白に、雪のように真っ白に、けがれのない純白に自分を見せたがるのさ。それができるほど汚い。つまり、そういうことだね」。(まるで、アニメ「ガンバの冒険」に出てくる、白イタチのノロイのようですね)。

あの時(「イマジン」のビデオの時)真っ黒になっていたジョンは純白のピアノを弾き、純白のカーテン、純白の家に住んでいた。完全に演出されたジョンである。

とある日本の新興宗教団体の教祖にも自分を救世主として仏陀の生まれ変わりと宣言をして、自ら真っ白な法衣を着て写真を撮って飾らせている人がいるでしょ。そして御本尊としてその写真を与える代わりに高額な寄付金を信者から献上させている人がいるでしょ。徹底的に偽善者になっている人いるでしょ。悪魔は白い衣服を着たがるものなのだ。そういえばオウムの麻原も白い法衣を着ていたよね。

「イマジン」の制作、発表、ビデオ撮りの時のジョンは、どこか悟っている感を漂わせていた。しかし「イマジン」の歌詞は「イルミナティ・ソング」だし、もちろん「薄甘いマルクス主義応援歌」なので、悟っているどころではない。物事の本質を見抜く彗眼の悟りどころか、サタンと同化していて完全に真っ黒になっていたと解釈をするほうが当たり前的な感じがする。

3．才能と人徳、才能と人格は別もの

イ、彼をゴッドではなく、ゴッホのようにしてあげよう

言わずと知れたオランダ人画家ゴッホ。後期印象派の天才で、私もゴッホの絵は好きだ。世界中で世界の人々がビンセント・ファン・ゴッホの絵画に親しんでいる。しかしそれはゴッホの絵に親しんでいるのであって、人間ゴッホに親しんでいるわけではない。世界中の人々が、人間ビンセント・ファン・ゴッホには問題があることを知っている。

よってゴッホの性格やゴッホの価値観を尊敬している人は一般人ではまずいないだろう。芸術至上主義者で変わり者のゴッホ本人を愛するような人はまずいないと思う。いたとしても画家等の中に一部、画家ゴッホに畏敬の念を持っている人がいる程度だろう。

画家ゴッホと人間ゴッホは別物としてあつかうことができる知性を社会は持ち得ている。さらに人間ゴッホとゴッホの描いた絵画では、まったくもって区別して付き合える大人た

ちは多いのだ。大衆はゴッホに対して知性と理性と悟性を放棄していない。大衆のジョン・レノンとの付き合い方と、大衆のゴッホとの付き合い方は違うのだ。

何となくゴッホの人格を皆様は自覚している。それは、ゴッホはペテン師ではないし、自己宣伝能力は低いし、愚鈍な人でもあったし、雄弁家でも詭弁家でもなかった。どこかの誰かさんとは大違いだ。

ゴッホはプロテスタントの牧師の息子であり、ゴッホもいろいろとあったうえでメソジスト派の牧師を目指していた。貧しい人々を救いたいと決意したからだ。しかし牧師では貧しい人々を救うことはできないと判断し、もともと好きだった絵画の道に進むことになったのである。貧しくもつつましやかな農家の人々の生活を描いて、絵で助けたいと決めた。一方、ジョンの場合はロックが好きで、特にエルビスが好きだったので、ロックバンドを作った。

ゴッホはジャン・フランソワ・ミレーの絵画が大好きだった。ミレーは農民の働く姿を美しく描いており、ゴッホは「落穂拾い」とかのミレーの作品に憧れた。ミレーはつつましくも美しい自然と素朴な信仰のある農村の姿を描いた。特に「落穂拾い」は、小作農家が落ちた麦の束や穂などを拾って自分のものにしてもかまわないという制度を背景にして、収穫の秋のヨーロッパが美しく描かれている。

ゴッホはミレーのように農村を美しく描く画家になろうとした（やはり、エルビスよりも大きくなりたい、金持ちになりたいという動機のジョンと、ゴッホではモノが違うのかもしれない)。

印象派の時代は、画室で絵を制作するよりも現場で絵を描くのがトレンドだったので、ゴッホは南フランスのアルルへ赴いた。画業に専念するも絵はまったく売れず、唯一の理解者であった彼の弟が資金を提供していた。南フランスに若手の友達の画家を呼んでも、来たのはポール・ゴーギャンただ一人。しかもお互いの性格は合わず共同生活は早くも破綻した。なお、ポール・ゴーギャンは南洋の楽園タヒチへ移り住むことになった(ジョンの場合は、ポール・マッカートニーなどの仲間と仲良くやり合ってロックビジネス界で大成功をして、世界の人気者に成り上がった)。

その後の人生の中でゴッホは数回自殺を試みている。自分の耳を切り裂こうとして血だらけになって包帯姿になったが、その翌日に、その姿を自画像として描いて残す意味不明の行い。さらに貧しい農民のために画家になったのに、農村では「変な画家がやって来たぞ!追い出そう」という村人の動きがあったりした(ジョンの場合は、女にはモテモテ、大金持ち、世界のマスコミからも興味津々)。

後期のゴッホは、相変わらず絵は売れなかったが、変わった画家として地域では少しだけ有名になっていた。そこで、村の娘がおめかしをして挨拶をしにいったが、ゴッホは「ふん」と言って横を向いて無視しただけだった。その娘が生き残っていて、おばあさんになっていたが、ゴッホ特集のテレビ番組に出演した際、「あんな嫌な野郎には二度と挨拶なんかするもんか」と語っていた(ジョンの場合はイメージアップに努め写真を活用し、親日家をアピールし、雄弁に自分の人生も語っていた)。

何しろゴッホが生きている時から、死後に絵が売れ出してからでも、ゴッホの人格の問題は、そのまま世界に広がっていった。今日では画家として大成をなしたゴッホだが、人間ゴッホには問題があって、あんな男とは友人にはなれないと世間では思われている。画商であっても、絵には魅力はあるが、その絵を描いた人とは距離を置きたいと思っていることだろう。つまり、ゴッホの絵が好きだからといって、ゴッホの考え方や性格までまねたら社会で生活していけなくなると理解しているわけである。

とすれば、ジョン君もゴッホ君と同じ評価になるべきだ。

ジョンが作った曲の中には才能豊かだと感じさせる曲が多くある。しかし才能の豊かな人が良い人間かは別で、むしろ才能があるがゆえに勘違いをして「えらそ〜」になった人だっている。こんな美しいメロディーを描いた人だからといっても、その人の心や性格の質まで美しいかどうかは別ものだ。もっと分かりやすく言えば、「顔」だ。顔が美しい人は心までも美しいと断定ができるだろうか？　美しい人もいるだろうが、すべての事柄においてパワーと質は別ものなのだ。彼はたくさんの曲を作ったので、歌詞においても良いものがあるが、彼ほど、鵜呑みにしたら危険だという歌詞を書くことができる人はいない。

いまだに彼の曲だけではなく、人間ジョン・レノンまで大衆から愛されている。何とかジョンを落ちた偶像にしなければならないと私は考えている。彼の曲やメロディーやサウンドやアレンジが好きだからといって、プライマル・スクリーム療法で作られた歌詞までも愛してはいけないからだ。彼の考え方や彼の政治判断まで、人々がゆだねてしまったら世の中は、特に日本は終わりだ。思想家としての彼はハチミツを掛けた猛毒入りジュースのようなものだからだ。

ただし残念なことに、人間ジョン・レノンはゴッホほど愚鈍ではない。彼はカメレオンのように写真に写り、蛾のようにジョークを飛ばし、鷺《サギ》のように雄弁なのだ。ゴッホとは違って悪知恵が働き、闇の質が濃いのである。演技力も嘘をつく能力も、ハッタリをかます能力もある。しかも、長身の男前で、冗談のセンスもあり、遊び心もあり、歌を歌うのも上手く作曲と作詞の才能も豊かなのだ。

彼は言っていた。

「(自分も含めて) ビートルズは〝泳ぎ方〟がうまかった」

この大衆社会での泳ぎ方という意味だろうか。確かに自らを演出するPR能力は高い。だからこそ彼の本性を見抜き、彼の素顔に太陽の光を当てなければならない。日本の大衆の方々にずる賢い彼を認知してもらい、彼の人間としての問題を見つめてもらいたい。彼の思想家としての大衆への「分からせてやる」の中身は「マルクスとイルミナティ」と同じ質のものだ。彼こそが白い服を着た悪魔で、サタニズムに通じていた人なのだと理解をしていただきたい。そして多くの人々にそれを伝えて知らせてあげましょう。

私は今でもジョン・レノンのファンだ。ただし、純粋にサウンドのみのファンだ。彼の性格や価値観は、ゴッホ以上に問題があるということが社会通念となって、一般の共通とした視点になって欲しいのです。

彼の芸術的才能はどうあれ、彼はイエスに嫉妬をしている〝こそくな野郎〟だと見抜いてほしい。彼こそが「マルクス主義的な芸術思想」や「イルミナティ思想の芸術的表現」をメロディーと美声に乗せた歌詞によって人々にしみこませた「ザ・ハーメルンの笛吹き男」だと知ってほしい。

もしも世界で、日本で、そのような空気があふれ出して実体化したなら、私は彼の才能をもっと気分良く聴いて楽しめるようになるだろう。彼はビンセント・ファン・ゴッホよりも性格が自分勝手でジェラスガイの、ジョン・ビアンション・レノンだ。彼はゴッドどころかゴッホ以下なのだ。

ジョン・レノンのファンの皆様、そんなジョンから卒業しましょう！

そして「ジャスト・ライク・スターティング・オーヴァー」をしましょう。


PS．もしもこの書籍をゴッホが知った場合ゴッホは、ジョン・レノンと似ているとか似ていないとか対比で使われたことに対しては遺憾と言うでしょう。

「俺（ゴッホ）と奴（ジョン）では、変わり者であることは同じではあるが、魂の方向性は奴とは逆向きなんだよ！」と言ってくるでしょう。

おわりに　「永遠の嘘」を信じて生きていこうとしている人たちへ

私は吉田拓郎と中島みゆきが好きだ。私は、私も含めて好きなシンガー・ソングライターは多数いる。吉田拓郎と中島みゆきはフォーク界のキングとクイーンであり、心の中に彼らへの思い入れがある人は、実質上、多数いるはずだ。そして、私のように拓郎とみゆきが心の片隅に張り付いている大衆は、表面上の仮面よりも多いはず。若い人たちも、年配者の心情風景に拓郎とみゆきがあるということを知っていても損はないだろう。

2006年、つま恋で拓郎の復活コンサートがあった。そのコンサートで一番に盛り上がったのは、中島みゆきのゲスト出演だった。ユーチューブでいまでも閲覧できる。そのつま恋での拓郎とみゆきは「永遠の嘘をついてくれ」という歌をうたった。拓郎が酒を飲みながら愚痴っていそうなことを、みゆきが拓郎の気持ちを代弁して作ったような歌詞だ。つま恋での復活コンサートで一番に目立っているのがこれなのだ。これはメッセージソングとなっている。

でも、この歌を拓郎の最後のメッセージにしてよいのだろうか。吉田拓郎は団塊の世代のカリスマであり、そのカリスマ性の広さに関しては、矢沢永吉をしのいでいる。拓郎は自分がリーダーであったことを拒絶するだろうが、この「永遠の嘘をついてくれ」の歌詞の内容と影響力は、団塊の世代の揺らぎ出している幻想の平和主義への執着をそのまま残し、変化して成長することをやめさせる効果がある。

このような歌が作られているということは、拓郎とみゆきは、もう既にジョン・レノンがどんな性質の人間であったか知っているかもしれない。ジョンは嘘つきなんだ。しかしそれでも嘘を信じて生きていこう、と。

嘘などは信じてはいけない。拓郎！　みゆき！「ジョンは永遠の嘘つきだから、みんな！　ジョン・レノンを信じちゃいけない!!」と歌ってくれ、頼む！

嘘を信じる者は滅び、嘘を見破って自らを助ける者は生き残り、尊敬されるからだ。

永遠の嘘をついてくれ　（作詞作曲　中島みゆき　歌　吉田拓郎）

ニューヨークは粉雪の中らしい
（略）
けっして行けない場所でもないだろうニューヨークぐらい
なのに永遠の嘘を聞きたくて
今日もまだこの街で酔っている
永遠の嘘を聞きたくて
今はまだ二人とも旅の途中だと

君よ永遠の嘘をついてくれ
いつまでもたねあかしをしないでくれ
永遠の嘘をついてくれ
なにもかも愛ゆえのことだったと言ってくれ
（略）
一度は夢を見せてくれた君じゃないか
（略）
嘘をつけ永遠のさよならのかわりに
やりきれない事実のかわりに
（略）
出会わなければよかった人などないと笑ってくれ

ジョンの住んでいた街はニューヨーク。「たねあかしをしないでくれ」とあるので、この人物は何かをだましている人となる。そして、それを歌詞にしているということは、拓郎もみゆきもこの人物の嘘を本当は見抜いているということだ。

「なにもかも愛ゆえのことだったと言ってくれ」という歌詞があるということは、真実はこの人物は、愛ゆえの事ではなく、何か悪い動機で行っていたってことだ。

さらに「一度は夢を見せてくれた君じゃないか」とある。ジョンがラブ&ピースの活動をしている時期に、マジでジョンのやり方で世界平和ができるかもしれない、ジョンの方法しかない！　と夢を信じていた人々も多数いた。

注目するべき「永遠のさよならのかわりに、やりきれない事実のかわりに」と意味深な歌詞がある。そして「出会わなければよかった人などないと笑ってくれ」と締めくくっている。拓郎とみゆきは、じつはジョンに影響されなかったほうがよかったと自覚しているんじゃないですか？　真実のところは如何に。

私たちのドン、拓郎様、「嘘を信じて生きていこう」などとメッセージをファンの人たちへ出してはいけません。私には、この人物がジョン・レノン的な人物に思えてなりません。ジョンの影響に置かれていた似非の平和主義者だった人たちは、変化をすることを怖がってはいけません。ライク・ア・ローリングストーン（転がる石には苔がつかない・生きている石）。ジョン・レノンを乗り越えて一緒に未来をつくっていきましょう。

●参考文献

「ジョン・レノン㊤㊦」レイ・コールマン著　岡山徹訳　音楽之友社
「もう一人のビートルズ　ピート・ベスト・ストーリー」ピート・ベスト、パトリック・ドンカスター著　中江昌彦訳　CBS・ソニー出版
「ビートルズ派手にやれ！　無名時代」アラン・ウィリアムズ、ウィリアム・マーシャル著　池央耿訳　草思社　※現「ビートルズはこうして誕生した」（草思社）
「明日への転調　レノン&マッカートニー」マルコム・ドーニー著　パンプキン・エディタース訳・編　シンコーミュージック
「人間ジョン・レノン」マイルズ編　小林宏明訳　シンコーミュージック
「ジョンとヨーコ ラスト・インタビュー」デービッド・シェフ著　石田泰子訳　オノ・ヨーコ監修　集英社
「回想するジョン・レノン　ジョン・レノンの告白」ジョン・レノン、ヨーコ・オノ、ヤーン・ウェナー著・片岡義男訳　草思社
「グレープフルーツ・ブック」オノ・ヨーコ著 田川律訳 新書館
「ジョン・レノン　ラスト・インタビュー」ジョン・レノン、オノ・ヨーコ、アンディー・ピーブルズ著　池澤夏樹訳　中央公論新社
「Mother 心理療法からみたジョン・レノン」待鳥浩司著　木星舎
「ビートルズとカンパイ！　わたしの出会ったビートルズ」星加ルミ子著　シンコーミュージック
「ビートルズ語録」マイルズ編・著　吉成伸幸訳　シンコーミュージック
「素顔のジョン・レノン 瓦解へのプレリュード」シンシア・レノン著　江口大行、シャーロット・デューク訳　シンコーミュージック
「ジョン・レノン」ジェフリー・ジュリアーノ著　遠藤梓訳　ＷＡＶＥ出版

「世界映画史上」佐藤忠男著　第三文明社
「絵本　ジョン・レノンセンス」ジョン・レノン著　片岡義男、加藤直訳　晶文社
「ローリング・ストーンズ 夜をぶっ飛ばせ」トニー・サンチェス著　中江昌彦訳　音楽之友社
「ジョン・レノンIN MY LIFE」ケヴィン・ホウレット、マーク・ルイソン著　中江昌彦訳　NHK出版
「ジョン・レノン伝説（上・下）」アルバート・ゴールドマン著 仙名紀訳　朝日新聞社
「ジョン・レノン　その存在と死の意味」フレッド・フォーゴ著　高見展訳　プロデュース・センター出版局
「666 イルミナティの革命のためのテキスト」アレクサンダー・ロマノフ著　キアラン山本訳　ヒカルランド
「ジョン・レノン全仕事」ザ・ビートルズ・クラブ編集・著 斎藤早苗監修　プロデュース・センター出版局
「ジョン・レノン・ソングス」ポール・デュ・ノイヤー著 田村亜紀訳　シンコーミュージック
「THE DIG Special Edition ジョン・レノン」　シンコーミュージックMOOK
「新・ゴーマニズム宣言SPECIAL 戦争論1」小林よしのり著 幻冬舎
「新・ゴーマニズム宣言SPECIAL 戦争論2」小林よしのり著 幻冬舎
「ジョン・レノン　その生と死と音楽と」KAWADE夢ムック　河出書房新社
「ジョン・レノン詩集」ジョン・レノン著　岩谷宏訳　シンコーミュージック
「ビートルズ詩集」ビートルズ著　岩谷宏訳　シンコーミュージック
「ザ・ビートルズ全曲バイブル ：公式録音全213曲完全ガイド」フロムビー責任編集　大人のロック！編　日経BP社
「THE DIG Special Issue 2004年10月19日号　ジョン・レノン"Acoustic"&"Rockn'n Roll"」

〈著者紹介〉

岡田　ナルフミ（おかだ　なるふみ）

静岡県出身。大阪芸術大学卒業。主に中学校教職員、営業職、老人介護職に就く。介護福祉士、社会福祉士。

シンガー・ソングライター、作曲家。『明けましておめでとう／ラグタイム』カップリングCD、2017年秋、絶賛発売！

ジョン・レノン研究家。都市伝説、預言・予言、陰謀論、社会情勢、思想・宗教・哲学研究家。

20職種以上のアルバイトを経験している。

悪魔のジョン・レノン

2017年9月9日　　初版第1刷発行

著　者／岡田ナルフミ
発行者／韮澤潤一郎
発行所／株式会社たま出版
〒160-0004 東京都新宿区四谷4-28-20
☎ 03-5369-3051（代表）
http://tamabook.com
振　替　00130-5-94804
組　版／マーリンクレイン
印刷所／株式会社エーヴィスシステムズ
装　幀／クリエイティブ・コンセプト
表紙写真提供／山野楽器 海外営業部

ISBN978-4-8127-0404-2 C0011

日本音楽著作権協会（出）許諾第1706271－701号